Texte
Fulco Pratesi

Bildredaktion
Valeria Manferto De Fabianis

Gestaltung
Giorgio Tacchini

Übersetzung
Barbara Claren

Fotografen
Jan Arthus Bertrand
Henry Ausloos
Alessandro Bardi
Nedi Bardone
Andrea Barghi
Franco Bertinetti
Marcello Bertinetti
Giorgio Braschi
Giulio Cagnucci
Attilio Calegari
Marco Capovilla
Giuliano Cappelli
Claudio Chini
Fabio Cianchi
Anne Conway
Emanuele Coppola
Manfred Danegger
Paquale De Meo
Pierfranco Dilenge
Pete Dine
Carlo Donis
Eric Dragesco
Riccardo Ferrari
K.W. Fink
Claudio Galasso
Angelo Gandolfi
Andrea Ghisotti
Vincenzo Giannotti
Gianfranco Giudice
Gianpiero Indelli
Paolo Jaccod
Maurizio Lanini
Paolo Lavoretti
Giorgio Marcoaldi
Vincenzo Martegani
Antonia Martinelli
Roberto Meazza
Silvia Mercoli
Wilh Möller
Riccardo Nardi
Stefano Navarrini
Ludovico Oldani
Angelo Opezzo
Marco Parrini
Daniele Pellegrini
Vincenzo Penteriani
Edouard Perez
Alessio Petretti
Francesco Petretti
Giorgio Pezza
Vittorio Pigazzini
Oreste Ragusi
Luciano Ramires
Alessandro Re
Domenico Ruiu
Lorenzo Sestieri
Lucia Simion
Massimo Simion
Giovanni Tomarchio
Jean Philippe Varin
Varin Visage
Giulio Veggi
Francesco Veronesi
Vasco Verzi
Albert Visage
Angela White
Stefano Zardini

Fotoagenturen
Agenzia Masi
Overseas
Panda Photo
Laura Ronchi
SIE

CIP-Titelaufnahme der Deutschen Bibliothek

Italia Natura = Natur-Landschaft Italien/
[Texte Fulco Pratesi.
Bildred. Valeria Manferto De Fabianis.
Übers. Barbara Claren]. –
Würzburg: Stürtz, 1991
ISBN 3-8003-0431-7
NE: Pratesi, Fulco;
Manferto De Fabianis,
Valeria [Red.]; PT

ISBN 3-8003-0431-7

Italia natura

NATUR-LANDSCHAFT ITALIEN

stürtz

Inhaltsverzeichnis

Seite 1
Junge Gemsen im Nationalpark Abruzzen.
Fotografie: Angelo Gandolfi

Seite 2–3
Eindrucksvoller Sonnenuntergang im Nationalpark Gran Paradiso.
Fotografie: Luciano Ramires

Seite 4–5
Das Maddalena-Archipel (Maestrale) bei Nordwestwind.
Fotografie: Alessandro Bardi – Panda Photo

Seite 6–7
Winterlicher Lärchenwald im Trentino.
Fotografie: Marcello Bertinetti

Oben und rechts
Silberreiher.
Fotografie: Fabio Cianchi – Panda Photo

Vorwort

Der Begriff Landschaft ist von »Land« abgeleitet, dem Wort, mit dem man in Italien die Gesamtheit der Wiesen und Wälder, Flüsse und Berge, Küsten und Sümpfe bezeichnet; dasselbe, das in den angelsächsischen Ländern »Landscape« heißt, und das eigentlich keinen Zusammenhang mit von Menschen Erschaffenem hat.

Die Wirklichkeit ist anders: Auch in Italien, seit Jahrtausenden vom Menschen bewohnt und geformt, ist diese ursprüngliche Natur stark zurückgedrängt worden. Der Dichter Giacomo Leopardi schreibt in seinem Werk »Elogio degli uccelli« (»Lobrede auf die Vögel«) zu Recht: ». . . ein großer Teil dessen, was wir natürlich nennen, ist es nicht; im Gegenteil, es ist eher künstlich: bestellte Felder, in Spalieren gezogene Bäume, in bestimmte Begrenzungen gesperrte Flüsse mit einem vom Menschen bestimmten Lauf... Alles Land, das von Menschen bewohnt wird, wirkt künstlich und unnatürlich.«

Und dennoch, trotz der Eingriffe und Veränderungen, welchen sie in Jahrtausenden ausgesetzt war, gibt es diese ursprüngliche Natur noch in Italien.

Wälder und Gipfel, Wasserfälle und Sümpfe, einsame Inseln und Vulkane, trockene Steppen und entlegene Strände heben sich ab von den Strukturen der Zivilisation, vom Netz der grauen Straßen und sind auch noch nicht unter dem Zement der 80 Millionen Wohnungen in den 8000 großen und kleinen Ortschaften Italiens verschwunden.

Vorliegendes Buch will dieser Hinterlassenschaft nachgehen und ihre unermeßliche und zerbrechliche Schönheit – vom großen Alpenpanorama bis zum kleinsten und doch wunderbaren Insekt der Fauna – aufzeigen: Mittels der Fotografie.

Man betrachte Lorenzettis Fresken im Palazzo Comunale von Siena, den leuchtenden Hintergrund des »Sturms« von Giorgione, die Maremma-Szenen der Florentiner Impressionisten, Guttusos Gemälde, die Fresken von Rosai . . . Früher war die Darstellung der Landschaft und der Natur dem Pinsel der Künstler anvertraut, welche auf Holztafeln, Putz, Leinwand oder Papier die erhabene und vielfältige Schönheit eines so abwechslungsreichen und hochgeschätzten Landes wie Italien festhielten. Jahrhunderte- und jahrtausendelang war das einzige Band zwischen der Landschaft, der Natur und dem Menschen die Fantasie und die Geschicklichkeit der Künstler.

Dann kam die Fotografie.

Platten und Gelatine, Balg und Objektiv, Verschluß und Blende stürzten Tempera und Aquarell, Ölfarben und Fresken bei der Darstellung der Umwelt vom Thron.

Beladen mit Stativen und furchterweckenden Apparaturen kletterten die ersten mutigen Fotografen in Bergen und Gletschern herum, erklommen felsige Gipfel, trotzten der Brandung an steilen Küsten.

So entstand die Landschaftsfotografie, die ihren größten Repräsentanten in dem Kalifornier Ansel Adams fand, und die auch in Italien Großes hervorgebracht hat.

Aber der Weg bis zu jener Fotografie, die wilde Tiere in ihrer natürlichen Umgebung zum Thema hat, war lang.

Erinnert sei an die Tierfotos in Enzyklopädien, Zeitschriften und Büchern in den ersten Nachkriegsjahren. Sofern es sich nicht um Material aus dem Ausland handelte, gab es in Italien nur drei traurige Möglichkeiten: Gefangene Tiere hinter schlecht kaschierten Gittern und in Käfigen, von Jägern verletzte Tiere, die man irgendwie auf Zweigen und Ästen aufbaute oder, noch schlimmer, ausgestopfte Exemplare, die Pfoten mit Erde und Blättern bedeckt, um den Holzsockel zu verdecken, mit traurigen, staubigen Glasaugen und zerzausten, dünnen Federn.

Damals mußte man zu diesen Tricks greifen; in einem Land, das von mehr als zwei Millionen Jägern durchstreift wurde und nur einige schlecht geführte Nationalparks hatte, lebten die wenigen wilden Tiere in Angst. »In Italien«, schrieb damals ein ausländischer Naturfreund, »fliegen die Vögel nicht, sie fliehen«. Heutzutage ist die Lage, dank der Oasen des WWF und einer besseren Verwaltung der Naturschutzgebiete, etwas besser. Ein wildes Tier in der Natur zu treffen, ist nicht mehr so selten wie ein Hauptgewinn im Lotto. Deswegen darf man aber nicht denken, daß die wunderbaren Bilder dieses Buches nur mit etwas Erfahrung und Glück zustandegekommen wären. Das eigentliche Geheimnis der in diesem Buch vertretenen Fotografen ist deren grenzenlose Liebe zur Natur. Hinter den Teleobjektiven und Stativen, den hochempfindlichen Filmen und den raffinierten Fotoapparaten standen Ornithologen, Parkwächter, Förster und Naturschützer, die in jeder Aufnahme ein Stück von sich selbst eingebracht haben. Sie waren imstande, tagelang in einem Verschlag an der Felswand auszuharren, bis zur Brust im Wasser zu stehen, um in einem Schilfgebiet das Nest eines Tauchervogels zu beobachten, auf das Liebesspiel eines Bergfasans zu warten – und sogar, als größtes Opfer, auf ein Foto zu verzichten, wenn dies den Nestbau gestört oder ein Tier erschreckt hätte.

Von dieser Sorte Menschen wurde das Buch »Die Natur Italiens« gemacht, und ihnen ist es schließlich auch gewidmet.

Links
Die Silhouette der Gemsen zeichnet sich dunkel gegen den Abendhimmel (Nationalpark Gran Paradiso) ab.

Fotografie: Luciano Ramires

Seite 12–13
Gemsenpaar im Nationalpark Abruzzen. Hier sind die Tiere wie durch ein Wunder der Ausrottung entgangen.

Seite 14–15
Liebevolle Pflege läßt der große Taucher seinen Jungen angedeihen; er trägt sie auf dem Rücken.

Fotografien: Angelo Gandolfi

Oben

Junger Apennin-Wolf.

Fotografie: Claudio Galasso – Panda Photo

Links

Marsica-Bär.

Fotografie: Vincenzo Penteriani – Panda Photo

Rechts

Herbstfarben eines Lärchenwaldes in der Valsesia.

Fotografie: Giulio Veggi

Italiens Wälder

Ganz Westeuropa war im hohen Mittelalter noch von Wäldern bedeckt. Die Dominanz dieses schattigen Reservoirs muß unvorstellbar gewesen sein. Man hatte sich darauf einzustellen, mußte darin leben, wie früher – mutatis mutandis – in den Ländern der amerikanischen Hemisphäre die Pioniere.

C. HIGOUNET, Die Wälder Westeuropas

Der Wald als geistiger Zustand
Schon diese Benennung assoziiert etwas außerhalb der Gemeinschaft Stehendes, etwas Wildes mit einer ganz eigenen Atmosphäre. Eine Atmosphäre, von der die Italiener bis in jede Zelle durchdrungen sind, die über die dreihundert oder mehr Generationen hinweg, die sie von ihren Vorfahren der mittleren Steinzeit trennen, immer noch gegenwärtig ist. Für sie, die struppigen Jäger der Poebene oder der Pontinischen Sümpfe des Tavoliere oder der Maremma, bestand die Welt aus Bäumen.

Außer auf den über zweitausend Meter hohen Gipfeln, die sie im Sommer auf der Jagd nach einer Schar Steinböcke erkletterten, oder in den unendlichen Sumpfgebieten der unregulierten Flüsse, herrschte überall der Wald: Tannen und Buchen bis zu vierzig Meter hoch. In den Ebenen verdunkelten die dichten Kronen der Eichen und Eschen, der Ulmen und Linden den Himmel. Die Ranken des Geißblattes und der Waldrebe, des Efeus und anderer Kletterpflanzen machten den Wald noch dichter. In dieser grünen Kathedrale gab es Hirsche und Rehe; Luchse und Wölfe, Bären und Wildschweine brachen durch das dichte Unterholz, Fischotter und Biber bevölkerten die Ränder der Flüsse und Sümpfe. Der Mantel des Waldes bedeckte auch Gegenden, die wir uns heute nicht mehr so vorstellen können: Die trockene und afrikanisch anmutende Hochfläche von Lampedusa, wo der Bewuchs einer großen Schar von Hirschen Schutz bot, und die Küstenebenen Siziliens, wo ein undurchdringlicher Dschungel von Johannisbrot-, wilden Öl- und Mastixbäumen sowie Zwergpalmen wucherte, und heute nur noch kümmerliches Gras und duftende Heidevegetation den Niedergang der einstigen üppigen Wildnis bezeugen.

Dann kam der Mensch.

»... Ich betrat einen dichten Wald mit dem Namen Bosco di Baccano, der berüchtigt war für Überfälle und Morde, die dort verübt wurden... Es war früher sehr gefährlich, ihn zu durchqueren, aber heute, da er zum größten Teil niedergebrannt ist, und durch die Bemühungen der Päpste, ist er so sicher, daß man ohne Furcht hindurchgehen kann.«

Aus diesem Zitat des Leandro Alberti, einem Mönch, der im 16. Jahrhundert eine »Beschreibung ganz Italiens« veröffentlichte, kann man entnehmen, welche Einstellung die Menschen in Zeiten, die noch nicht sehr weit zurückliegen, zu der Welt des Waldes hatten. Aber nicht nur Wegelagerer und wilde Tiere bestimmten jahrhundertelang das negative Bild des Waldes. G. Santi, ein Schriftsteller aus der Zeit des späten 17. Jahrhunderts, schrieb über die Maremma-Küste: »... die Wälder, in vielen Gegenden dicht und ausgedehnt, sind ein Grund für Krankheiten, weil sie das freie Wehen des Windes behindern, die Luft immer feucht halten und nachts einen Pesthauch verströmen...«.

Kurz gesagt, der Wald hat einen schlechten Ruf, der ihm immer noch anhängt.

Auch, weil Erinnerungen aus der Kinderzeit – von *Rotkäppchen* bis *Hänsel und Gretel,* von dem *Kleinen Däumling* bis *Schneewittchen und die Sieben Zwerge* – sicher nicht zu einer positiven Veränderung dieses Bildes beitragen. Erinnern Sie sich zum Beispiel an Schneewittchens Flucht durch den Wald in dem berühmten Film von Walt Disney? Nun, diese schrecklichen Bäume, mit hakenförmigen Zweigen wie Krallenhände, diese vegetabilischen Albträume stecken noch in uns.

Hinter jedem Baum können sich ein boshafter Zwerg oder ein Wolf mit bösen Absichten verbergen, hinter jeder Wegebiegung plötzlich ein Räuber oder ein Menschenfresser auftauchen.

Erst seit kurzem wächst dieser Einstellung ein ökologisches Bewußtsein entgegen. Sie ist aber immer noch in großen Schichten der Bevölkerung verwurzelt. Es wäre sonst unerklärlich, warum man auf dem Land immer noch das Fällen eines Baumes mit so viel Freude beobachtet, warum so viel Brände in den Wäldern entstehen (fast immer durch Brandstiftung), warum – besonders im Süden – alte Riten überlebt haben, bei denen die größten Bäume des Waldes abgehauen und als riesige und unbeweinte Tote auf die Plätze der kleinen Dörfer geschleppt werden, und warum Bäume am Wegerand so unbedenklich mit Axtschlägen verletzt werden.

Unter diesen Voraussetzungen darf man sich nicht wundern, daß im Lauf der Jahrtausende Feuer und Axt, Pflug und Haustiere das üppige grüne Vlies bis auf ein paar kümmerliche Flecken ausgemerzt haben, die jetzt – wie ausgeschnitten – zwischen einem Meer von Feldern, Straßen, Dörfern und Häusern übriggeblieben sind.

Im ganzen achteinhalb Millionen Hektar Wald; nach neuesten Statistiken 29 Prozent der Oberfläche Italiens.

Aber unter diesen achteinhalb Millionen Hektar ist wirklich von allem etwas zu finden. Von den Pinienwäldern an den Küsten über Eichen, Kastanien, Buchen, Tannen, Lärchen – ein Mosaik verschiedener Landschaften, welches nur Italien bieten kann, das den Kopf in Mitteleuropa und die Füße in Afrika hat.

Die Verschiedenheit der italienischen Waldungen findet im übrigen Europa nicht ihresgleichen: tiefe Koniferenwälder, vergleichbar mit denen des Polarkreises in Skandinavien und Sibirien; wenige hundert Kilometer davon entfernt Zwergpalmen, Wolfsmilchgewächse und wilde Oliven – wie auf den Vorgebirgen des Maghreb.

Neben den großen, edlen, hochstämmigen Wäldern, die 29,7 Prozent der italienischen Forstflächen ausmachen, finden wir in großer Ausdehnung den sogenannten Schlagwald. Das ist ein natürlich gewachsener Wald, der alle 10 bis 15 Jahre abgeholzt wird, und Holzkohle, Pfähle für Weinberge und Umzäunungen, Speerschäfte (allein während der punischen Kriege kamen aus den Wäldern um Arezzo 50.000 Eschenstäbe für die Lanzen), Pfosten für Hütten und Heuschober, Brennholz und Reisigbündel für die Herdfeuer und für die Scheiterhaufen, auf denen die Hexen brannten, für die Renaissancekamine, die Öfen des achtzehnten Jahrhunderts und die Feuer der Leuchttürme sowie für jene zum Räuchern der Würste lieferte und noch liefert.

Links

Spiel der Tannenhäher im Schnee.

Fotografie: Manfred Danegger – Agenzia Masi

Der Schlagwald liegt als dichter Mantel über Hügel und Voralpenland und ist von größter Vielfalt; mit Eichen und Blumeneschen, Hainbuchen und Eschen, Ahorn und Steineichen, Haselnuß und Ulme. Auch die mediterrane Macchia kann man als Schlagwald bezeichnen. Würde er nicht geschnitten und leider auch durch Brände häufig vernichtet werden, wüchse dieser aromatische Teppich aus Wacholder und Mastix, Myrten und Rosmarin, Zistrosen und Erdbeerbäumen, Steinlinden und Kreuzdorn, Ginster und Erika (die vom Wind zu rundlichen Kissen geformt und zusätzlich durch den Verbiß der Ziegen gepeinigt werden) noch höher und größer.

Der wirkliche Wald jedoch – dunkles Refugium für wilde Tiere und Räuber, urtümliche Szenerie von Märchen und Fabeln, magischer Schlupfwinkel für Nymphen und Dryaden, Menschenfresser und Satyrn – das ist etwas anderes.

Bringt mich mit verbundenen Augen dorthin, ich werde ihn erkennen. Wenn ich nur unter den Füßen den weichen, schwammigen Boden fühle, der sich mit von Stämmen rinnendem Wasser vollgesogen hat, und der, Schicht auf Schicht, aus den bunten Blättern tausender Herbste, aus den in tausend Wintern abgebrochenen Zweigen, aus Knospen und Blüten von tausend Frühlingen und den Farnen tausender Sommer gewachsen ist. Ich brauche nur den Duft von Moos und Pilzen, von Farn und Holz zu riechen, den der Schlagwald nicht hat.

Ich brauche nur das Rauschen der Zweige in der Höhe und das Knacken der alten Äste zu hören, das der junge Wald nicht kennt.

Denn mein Wald besteht nicht nur aus Bäumen; zu ihm gehören auch Erde (um 20 cm davon herzustellen, Blätter und herabgefallene Zweige abgerechnet, benötigen Pilze und Bakterien dreitausend Jahre), Flechten und Moose, Pilze und Farne, Milben und Insekten.

Das als Basis. Darüber dann die Gehölze des Unterwaldes, mit glänzenden Beeren und weißen Blüten. Die Waldtiere, vom mürrischen Wildschwein bis zum leichtfüßigen Reh, vom stolzen Hirsch zum wachsamen Wolf. Und die Bäume.

In dem Wald, von dem ich spreche, sind (oder sollten) diese keinesfalls von einer Art sein (also nicht nur Tannen, Kiefern oder Buchen) und vielleicht noch von derselben Größe, wie das die Forstwirtschaft wünscht; leicht zu messen, zu fällen, aufzuladen und zu verkaufen. Die Wälder, von denen ich träume, vereinen alle Arten und Größen. Da gibt es den dünnen Schößling, der sich reckt und die Sonne sucht, und den knorrigen und hinfälligen Patriarchen. Den gerade gewachsenen Baum mit schwankendem Wipfel und den vom Blitz getroffenen oder vom Sturm zerzausten, der sich an seinen Nachbarn anlehnt. Auch das ganze Gefolge muß dabeisein – die herabhängenden Lianen der Waldrebe, die in den Höhlungen grünenden Farne, das dichte feuchte Moos. Dazu die frechen Spechte, die mit ihrem eisernen Schnabel auf die trokkene Rinde hämmern; Eichhörnchen, von Mardern verfolgt, die unordentlichen Nester der Habichte, die Waben der wilden Bienen unter der Baumrinde, hohle Stämme, in denen Fledermäuse wohnen, und Wurzellöcher, wo Schlangen überwintern.

Dies alles ist der Wald – ein Ensemble von Grün und Geräuschen, Oberflächen und Silhouetten, Pflanzen und Tieren, Details und Fülle. Gibt es wirklich so viele Wälder von dieser Art in unserem Land? Die Statistiken (soll man ihnen glauben?) behaupten: 2.587.000 Hektar. Zum großen Teil Laubwald, vor allem Buchen; der Rest Nadelwald mit vielen Rottannen.

Hinter dieser nüchternen Zahl verstecken sich wahre Juwelen. Einer schöner als der andere und jeder anders.

Viele wissen nicht, daß die Vegetation je nach Höhe wechselt. Mit geringen Abweichungen, vor allem von Süden nach Norden hin, sind in gleichen Höhen die Baumfamilien jeweils dieselben. Von der Küste, dem Reich der mediterranen Macchia ausgehend, trifft man zunächst auf den majestätischen, dunklen, immergrünen Mittelmeerwald.

Nach Meinung der Botaniker war der ursprüngliche Küstenwald, den Äneas bei seiner Ankunft in der Tibermündung vorfand und der Richard Löwenherz bei seiner Landung 1190 beim 3. Kreuzzug an derselben Stelle in Erstaunen setzte, dunkler, schattiger Steineichenwald. Die Pinien in seiner Begleitung scheinen erst viel später hinzugekommen zu sein.

Reine Steineichenwälder in ihrer strengen Schönheit sind sehr selten in Italien. Am leichtesten kann man ihren wilden Zauber oberhalb von Orgosolo bewundern, im Massiv des Gennargentu in Sardinien.

Es ist ein Fest für das Auge, die Stämme mit der rissigen dunklen Rinde zwischen hellen Kalkfelsen wachsen zu sehen. Dort, wo der Fels an die Oberfläche tritt, mischen sich Steinsplitter von metallischer Struktur unter die trocknen, ledrigen

Oben

Der Schwarzspecht lebt vorwiegend in den Nadelwäldern des Apennin.

Fotografie: Ludovica Oldani

Seite 21 oben

Eichhörnchen in den Alpen.

Fotografie: Jan Arthus Bertrand – Overseas/Jacana

Seite 21 unten

Der Marder ist schon immer der natürliche Feind des Eichhörnchens.

Fotografie: Albert Visage – Overseas/Jacana

Blätter. Neben den Steineichen finden sich riesige Steinlinden, ausgedorrte und gewundene Wacholder und Päonien mit scharlachroten, glänzenden Blumenkronen. In den unzugänglichsten Winkeln gibt es Herden von stampfenden Mufflons, struppige kleine Wildschweine; hört man die dumpfen Schläge, mit denen der Rotspecht gegen die Stämme hämmert.

In sonnigeren Gebieten finden wir anstelle der Stein- die Korkeiche mit dicker, silbriger Rinde, die nach dem Schälen ihren roten Schmerz ins duftende Unterholz der Zistrosen schreit.

An vielen Stellen der 7.500 km langen Küste gesellt sich zu der rauherer und ursprünglicheren Vegetation des Steineichenwaldes – mehr oder weniger dominant – die Pinie.

Die Pinienwälder wurden von den römischen Admirälen für den Bau der Flotten angepflanzt (zum Beispiel an den Küsten nahe Cuma und Ravenna), dienten den Großherzögen und Adligen der Renaissance, die ungesunde, sumpfige Maremma zu sanieren und den Waldbesitzern des 18. und 19. Jahrhunderts zur Befestigung von Dünen und Sandgebieten. Sie haben heute einen festen Platz im Landschaftsbild Italiens.

Geh einmal allein durch einen Pinienwald! San Rossore oder die Versiliana, San Vitale oder Castelfusano – das ist gleich: Die schuppigen Stämme steigen aus dem Unterholz und überragen Steineichen und andere Büsche der Macchia. Das ist das zauberhafte, duftende, klingende Szenarium des Gedichts »Regen im Pinienwald« von Gabriele D'Annunzio. Im nach Salzwasser duftenden Halbdunkel schreitet leise der Damhirsch. Schwarzweiße Stachelschweine wühlen zwischen den Nadeln nach Wurzeln, träge Schildkröten kriechen über den sandigen Boden. Zwischen den grünen Schirmen gleichenden Wipfeln gurren bleigraue Ringeltauben aus weinroter Brust.

In dieser magischen Stille verursacht der Fall eines Pinienzapfens einen trockenen Laut. Jenseits der Düne dann das rhythmische Atmen der Wellen, die der Libeccio-Wind von Südwesten gegen die Küste treibt.

Der klassische europäische Wald jedoch ist der Eichenwald, auch wenn er inzwischen nur noch an wenigen Stellen zu finden ist. Die Sommereichen und Stieleichen, die Zerreichen und ungarischen Eichen der alten Forste gibt es heute überall; nur nicht in den Wäldern! Zehn oder zwölf Millionen Pfähle aus Eichenholz, in den Schlick getrieben, tragen die Fundamente der venezianischen Paläste; Spanten und Deckbalken aus Stieleichenholz gaben den genuesischen Galeeren Festigkeit; Balken aus Stieleichen und Sommereichen tragen die Dächer von Kathedralen, Adelspalästen, Klöstern und Festungen in ganz Italien; in den Eichenfässern der Keller reifen große Weine. Tröge und Truhen, Kommoden und Sakristei-Einrichtungen aus Eiche stehen noch in den Wohnungen der Adligen und in den Abteien.

Paradoxerweise sind die Gesetze der Republik Venedig mitschuldig am Verschwinden der Eichenwälder; sie sollten geschützt werden für das Arsenal und den Bau der Wasserleitungen. So schreibt De Berenger in seiner »Archäologie der Wälder«: »Man verfluchte den Ort, wo die Natur einen kleinen Eichenstamm hatte wachsen lassen, denn die Gesetze verdammten den Besitzer für immer dazu, einzig zugunsten des Fiskus immer weiter dort Eichen heranzuziehen; deswegen waren die Besitzer schneller bei der Hand, jeden Eichenschößling schneller auszureißen als das Unkraut; und je strenger die Republik darauf achtete, sie zu schützen, um so weniger erreichte sie das gewünschte Ergebnis«.

Eichenwälder sind inzwischen selten geworden. Sehr selten.

Hochstämmige Bestände findet man noch in den Höhenlagen der Molise, gemischte in Latium (La Macchia grande von Manziana, der Wald von Terracina im Nationalpark des Circeo, die Wälder des Wohngutes Castelporziano-Capocotta) und

an wenigen anderen Stellen (wie der Bosco Fontana bei Mantua). Große einzelne Bäume ragen in der heiteren, weisen Landschaft der Marche und Umbriens auf.

Die jahrhundertealten Wälder mit großen Exemplaren indes sind überall verschwunden – mit ihnen der Zauber des eigentlichen europäischen Waldes, wie er im Sherwood-Forst oder in Fontainebleau, in Bialowietza und in Perucica (Bosnien-Herzegowina) als kostbares Fragment übriggeblieben ist. Ein kleines, aber bezauberndes Vorkommen des Eichen-Feuchtwaldes, der bis vor sechs oder siebentausend Jahren die alte Poebene bedeckte, befindet sich in der Nähe von Mantua.

Im Bosco Fontana, so heißt dieser Wald, konzentrieren sich auf ungefähr 233 Hektar, in einer Umgebung von langweiligen Monokulturen, der Zauber und der Artenreichtum jenes Waldes, in dem die Vorfahren der Italiener jagten. Auf vom Regen und Schnee der Jahrtausende getränktem und geformtem Boden wachsen riesige Stiel-, Zerr- und Traubeneichen in den Himmel. Auch gibt es dort Steinbuchen sowie Pappeln und Erlen und – was für ein ungewöhnlicher Anblick – majestätische Kirschbäume mit glatter rötlicher Rinde, die im Frühling ihre blühenden Kronen bis zu zwanzig oder fünfundzwanzig Meter hoch recken. In der Kirchenstille des Unterholzes blühen Veilchen und Anemonen, Maiglöckchen und goldgelber Feigwurz, wilder Knoblauch und Bärentrauben, Scilla, Lungenkraut und violette Leberblümchen.

Pilze aller Arten sprenkeln den Boden zwischen den Bäumen. Mäusedorn mit spitzen Blättern und scharlachroten Beeren bildet einen Teppich auf dem Erdreich.

Die Auerochsen und Bisons, einst von den Bewohnern dieser Wälder gejagt, gibt es nicht mehr, und auch die Hirsche und Rehe, die Wölfe und Luchse, welche die Beute der Gonzaga, der früheren Besitzer des Waldes waren, haben uns für immer verlassen. Dafür tummeln sich Scharen von Wildschweinen zwischen den abgeschlagenen Ästen und suchen die Eicheln.

Oben, wo die Wipfel mit den Wolken reden, nistet die große braune Gabelweihe.

Natürlich gibt es solche und solche Eichenwälder. Den beschriebenen feuchten stehen die trockenen gegenüber, wo das Unterholz sonnenbeschienen und warm ist, und wo Pflanzen wie der Weißdorn oder die Mispel wachsen, Liguster und Schlehe, Heckenrose, Pfaffenhütchen und Eberesche.

»Am Rand der Straße«, schreibt Hermann Hesse in »Narziß und Goldmund«, »stand ein Kastanienbaum, einsamer Sohn des Südens, eine edle Kastanie mit kräftigem Stamm; der Kreis seiner Äste hing sanft über die Straße herab und atmete frei und weit im Wind; im Frühling, wenn ringsumher alles grün war und auch die Nußbäume schon ihre rötlichen Blätter bekamen, ließ sie noch lange auf ihr Laub warten; dann, wenn die Nächte kürzer wurden, strahlte zwischen dem Laub die fremdartige Blüte, von weißlichem, sehnsüchtigem Grün; und im Oktober, wenn das andere Obst schon gesammelt war und der Wein im Faß, ließ sie im Herbstwind ihre stacheligen Früchte von der gelblich gewordenen Krone fallen.«

Gibt es etwas Schöneres als einen Kastanienwald? Ich sage nein! Schön im Winter – mit fantasievoll geformten Ästen (die den Bergnebel ausfransen lassen), reich und dunkel im Sommer, mit goldenen Schuppen nach dem ersten Einbruch des herbstlichen Nordwinds.

Der Unterwald ist voller Farne und Ginster für die Köhler und voller rostfarbener Schlupflöcher, in denen sich Siebenschläfer und Marder, Wildkatzen und Wiesel verbergen.

Auch wenn geschlossene Eichen- und Kastanienwälder heute in Italien nur noch selten zu sehen sind (zumindest hochstämmige Bestände), gibt es einen Wald, der für deren Fehlen entschädigt, da er dort gedeiht, wo eine andere Nutzung des

Bodens problematisch wäre. Erst ab 800 oder 1.000 Meter Höhe läßt der fleckige Teppich aus kleinen Feldern, Kastanien- und Eichenwäldern, Wiesen und Bergdörfern Platz für die Buche.

Eingezwängt zwischen hochliegenden Weiden und niedrigeren Hängen umhüllt ein dichter rauschender Buchenkranz die Massive des Apennin und viele der Voralpen in einer Geschlossenheit und Farbenstrenge, die nur mit jener der Tannenwälder vergleichbar ist. Vom Tal aus gesehen zeigen die abgerundeten Rücken der Kalkberge von Majella oder des Nationalparks Abruzzen, vom Gran Sasso oder Pollino den weitflächigen und stillen Bewuchs der Buchenwälder, die zum Kamm hin durch einsame helle Matten und wacholderbestandene Geröllfelder abgelöst werden.

Der Buchenwald bezaubert und mahnt zur Stille. Die grauen glatten Säulen der Stämme, mit Flechtenmustern in Gelb, Rot und Grün und, sofern sie durch die Umweltverschmutzung nicht vernichtet worden sind, von Moosen sowie von grünleuchtenden gezackten Schmarotzerfarnen umhüllt, erinnern an Elefantenbeine.

Der Kontrast zwischen dem Blaugrau der Stämme und dem polierten Kupfer der abgefallenen Blätter ist prächtig und fällt ins Auge. Auch, weil das Unterholz in diesem Wald weitgehend fehlt: ein paar Eiben und Stechpalmen, das ist alles.

Die Buche, Beherrscherin der Berge, gibt sich nicht mit Nebenrollen zufrieden. Sie allein steht auf der Bühne und toleriert nur hier und da Bergahorn, Birken, Eichen, Eschen und Weißtannen.

Wenn es ein Tier gibt, welches das lebende Symbol des Buchenwaldes genannt werden kann, dann ist das der Apenninwolf. Sein graugrüner Pelz verschmilzt mit den Stämmen, seine Spuren verlaufen sich, zwischen herabgefallenen Ästen und Felsbrocken, im Schnee; sein Bau ist oft unter dem Gewirr von riesigen schlangenartigen Wurzeln versteckt.

Wie das Wildschwein zum Eichen-, gehören Wolf und Bär zum Buchenwald. Im Naturpark Abruzzen und auf der Majella, wo sich seit jeher die geheiligten Lebensräume dieser beiden Tierarten befinden, ist die Beute reichlich: Hirsche und Rehe vor allem, die in den letzten Jahren wieder angesiedelt wurden, nachdem sie durch übertriebene Jagd ausgerottet worden waren. Dazu Hasen, Abruzzengemsen, die sich im Winter in den Buchenwald flüchten, um dort weniger harte Temperaturen und Rinden zum Abknabbern zu finden, Wildschweine aus dem tieferliegenden Eichenwald, Eichhörnchen, Mäuse.

Allein die Vögel halten offenbar diese majestätisch-grauen Kirchenschiffe für nicht besonders attraktiv. Wirklich zuhause sind hier nur Rot- und Schwarzspecht sowie der seltene dalmatinische Specht, Ringeltauben, Eichelhäher, (die immer dann einfallen, wenn der Eichenwald nicht mehr genug Eicheln bietet), schattenliebende Schnepfen und das unruhige und geschwätzige Volk der Meisen. In den größten und stolzesten Buchenwäldern baut sich, zum Schrecken der Eichelhäher und Ringeltauben, der Habicht sein Nest. Hohle Buchenstämme bergen die Eier des Waldkauzes, der in den Nächten seinen Flötenschrei über Täler und Lichtungen schickt.

Die einsame, räuberische Wildkatze wiederum bringt ihre Kleinen in jenen dunklen Hohlräumen zur Welt, die der Blitz in die Stämme gebrannt hat. In der Höhe, wo der Sturm vor langer Zeit die Wipfel der großen Buche gekappt hat, versammeln sich tagsüber die Waldfledermäuse, und auf den höchsten Ästen, die trocken und spröde geworden sind, sitzen stundenlang die Bussarde und warten auf Beute.

Neben den Buchenwäldern des Apennin, die besonders schön sind, darf man die der Alpen nicht vergessen; vor allem jene der Hochebene des Cansiglio, aus deren säulengleichen Stämmen die Zimmerleute des Arsenals von Venedig die Ruder für die Galeeren und Galeassen der Serenissima fertigten.

Im Herbst ist der Anblick dieser Wälder am schönsten: Im leuchtend roten Meer der Buchenkronen kündigen die dunkelgrünen Pinsel der Tannen das Reich der harzigen, immergrünen Bäume der höheren Region an – von dem später noch ausführlich die Rede sein wird.

Links
San Rossore: Pinien am Meer bei Sonnenuntergang.

Fotografie: Marco Capovilla

Im Schatten des Waldes

Bis vor dreißig Jahren war der Hirsch in den italienischen Wäldern so gut wie ausgestorben. Inzwischen hat man die Bestände durch Schutzmaßnahmen vermehrt, und es gibt verschiedene Exemplare, vorwiegend in den Ostalpen, in der Gegend von Tarvisio, im Trentino-Alto Adige, in Venetien und der Lombardei. Den größten Teil des Jah-

res leben die erwachsenen Männchen in eingeschlechtlichen Gruppen zusammen, von den Weibchen und den Jungen getrennt, denen sie für die Futtersuche die besten Stellen überlassen. Im August zeigen die erwachsenen Tiere die Neigung, ihren Gefährten auszuweichen und wieder die Gesellschaft der Weibchen zu suchen.

Unten

Im Frühjahr sind die Geweihe mit einer rauhen, wolligen Bedeckung (Bast) überzogen.

Fotografie: Jan Arthus Bertrand – Overseas/Jacana

Im Sommer verlieren Hirsche und Rotwild den Bast an ihren Geweihen und bereiten sich auf die Kämpfe des Herbstes vor.

● *Oben*

Im Wald bei Casentino:
Damhirsch im Lauf; der Bast wurde gerade abgeworfen.

Fotografie: Fabio Cianchi – Panda Photo

★ *Rechts*

Eine Gruppe Hirsche; der Bast in Fetzen.

Fotografie: Varin Visage – Overseas/Jacana

★ *Seite 28–29*

Dramatischer Augenblick im Kampf zwischen zwei Damhirschen.

Fotografie: Manfred Danegger – Agenzia Masi

■ *Seite 30–31*

Ein Habich nach der Jagd (Sardinien).

Fotografie: Domenico Ruiu

Waldabend

Wenn der Tag sich neigt, ändert sich die Szene im Wald gänzlich. Habichte und Sperber, die Greifvögel des Tages, überlassen das Feld den Käuzen und Eulen, den Nachträubern, deren sehnsüchtiges Lied durch die Dunkelheit klingt.

Oben
Laubwald in der Valsesia.
Fotografie: Giulio Veggi

Rechts
Ein Waldkauz hat eine Feldmaus gefangen.
Fotografie: Ludovico Oldani

Jäger am Himmel

Große Laubwälder, durchsetzt von Wiesen und Lichtungen, sind das ideale Revier für die großen Raubvögel wie Natteradler und Gabelweihe, Mäuse- und Wespenbussard, die besonders zahlreich im Massiv der Tolfaberge im nordöstlichen Latium vorkommen.

Oben

Ein Natternadler kehrt mit der Beute zum Nest zurück.

Fotografie: Alessio Petretti – Panda Photo

Rechts

Ein Gabelweihenpaar im Nest.

Fotografie: Alessio Petretti – Panda Photo

Im Baumhaus

Seite 36 oben

Lustiges Bild eines Siebenschläfers.

Fotografie: Vincenzo Giannotti – Panda Photo

Seite 36 unten

Waldkauz.

Fotografie: Vasco Verzi – Agenzia SIE

Rechts

Wald im Tarvisiano.

Fotografie: Paolo Jaccod

Der Rote aus dem Wald

Der Fuchs, geliebter und gehaßter Räuber des Waldes, kommt in fast ganz Italien vor. Nur wo der Ackerbau jede Spur von natürlicher Vegetation ausgelöscht hat, mußte er das Feld räumen.

Seite 38–39
Zwischen Tannen, Lärchen und Zitterpappeln öffnet sich eine Lichtung.

Fotografie: Vincenzo Martegani

Oben
Hinter Steinen versteckt ein Fuchs, der auf den richtigen Augenblick wartet, um sich auf die Beute zu stürzen.

Fotografie: Manfred Danegger – Agenzia Masi

Rechts
Der hohle Stamm ist wohl ein Idealplatz für eine kleine Ruhepause; aber auch dabei bleibt der Fuchs wachsam.

Fotografie: Vincenzo Martegani

Oben und rechts

Beim Laufen und Springen stabilisiert der Schwanz das Gleichgewicht, so daß der Fuchs auch kritische Situationen bestehen kann.

Fotografien: Agenzia Masi / Orion Press

Der Fuchs verdankt sein Überleben seiner außergewöhnlichen Anpassungsfähigkeit. Von Natur aus Fleischfresser, paßt er seine Ernährungsgewohnheiten der Umgebung und der Jahreszeit an und begnügt sich, wenn nötig, auch mit wilden Beeren und Waldfrüchten.

Seite 44 und 45

Die Nahrungssuche ist die Hauptbeschäftigung des Fuchses. Für seinen Appetit gibt es keine Grenzen, selbst eine Schlange kommt ihm recht.

Fotografien: Agenzia Masi / Orion Press

Im Unterschied zu vielen anderen Tieren entwickelt der Fuchs kein eigentliches Revierverhalten. Er verteidigt ein begrenztes Gebiet um seine Höhle, lehnt aber die Teilung des Jagdgebiets mit anderen Exemplaren nicht ab.

In den Wäldern Sardiniens

Das sardische Wildschwein ist, im Vergleich zu den Exemplaren auf dem Festland, kleiner und kompakter. Auf den Bildern sind einige Wildschweine an einem Wasserlauf im Gennargentu-Gebiet zu sehen.

Oben
Fotografie: Domenico Ruiu

Rechts
Fotografie: Luciano Ramires

Die goldenen Flammen der Lärche

Die Lärche verliert, im Gegensatz zu ihren Verwandten, im Herbst ihre Nadeln. Vorher ist sie, goldenen Flammen gleich, die schönste Zierde der Bergwälder.

● *Oben links*
Ein Adler kehrt zu seinem Nest auf einer großen Lärche zurück.
Fotografie: Eric Dragesco – Overseas

★ *Oben rechts*
Junge Waldkäuze.
Fotografie: Angelo Gandolfi

★ *Rechts*
Lärchenwald in der Val Genova.
Fotografie: Vincenzo Martegani

★ *Seite 50–51*
Im Herbst leuchten die Lärchenwälder golden.
Fotografie: Vittorio Pigazzini

● *Seite 52–53*
Geheimnisvoller Winternebel über einem Tannenwald in den Dolomiten.
Fotografie: Stefano Zardini

Oben

Junger Steinbock vor Lärchen.

Fotografie: Angelo Gandolfi

Links

Wachsames Hermelin.

Fotografie: Luciano Ramires

Rechts

Die Mont-Blanc-Kette.

Fotografie: Antonio Martinelli

Zwischen den Gipfeln

Harmonie und Frieden sind überall; der Duft der Zapfen und der frische Geruch der Almen erwecken in mir jedes Mal die Erinnerung an lange Wanderungen, steil abfallende Felswände und das Gefühl, ganz in die Welt eingetaucht zu sein...

REINHOLD MESSNER

Stellen Sie sich unsere Erde einmal in der Größe einer Wassermelone vor. Berühren Sie sie in Gedanken mit einem Finger. Sie merken, daß ihre Oberfläche nicht glatt wie die des Gewächses, sondern mit vielen kleinen – sehr kleinen – Unebenheiten bedeckt ist. Diese kleinen Auswüchse auf der Haut unseres Planeten sind die Berge. Sie sind der Sitz der Götter, der Schoß der Wolken und der Blitze, das Becken für Wasser und Schnee, der Ort, wo man dem Himmel am nächsten ist.

Aus der Landschaft Italien, dem herrlichen Patchwork-Teppich aus Feldern, Wäldchen, Städten, Flugplätzen, Friedhöfen, Seen, Industrieanlagen und Sportplätzen, aus diesem Meer von jeweils verschiedenen Dingen, aus diesem welligen, schönen, empfindlichen, veränderlichen Mosaik, tauchen die Berge – Monumente von ewiger Dauer – auf.

Dort steht die Zeit still (wenigstens wenn man sie von oben sieht), oder sie hat nie angefangen, sich zu bewegen, und die Umgebung, karg und einzigartig, ist dieselbe geblieben.

Auch wenn die Wälder in unserem alten und geplagten Territorium nur ein blutloses Abbild jener früheren sind, wenn die Sümpfe im Verlaufe der Geschichte durch den Pflug reduziert wurden, wenn die Küsten über Jahrtausende das Tor für die Invasionen vom Meer her waren, so sind die Bergmassive, ihr Raum und ihre Landschaft (wenige Episoden ausgenommen) genau so geblieben, wie die prähistorischen Jäger (die heraufkamen, um Steinböcke und Murmeltiere zu jagen) sie erblickten: die Gipfel, die Felswände, die Matten auf den Höhen, die Blumen, die Tiere (außer den großen Huftieren, die heute nur noch in Reservaten und Naturparks leben). Ab zweitausend Meter keine Häuser mehr, keine Straßen, keine Strommasten, Dämme, Felder, Einzäunungen, Reklameschilder, Schornsteine . . . Nur die weißen Kondenzstreifen am Himmel und der

Stiefelsohlen Abdrücke auf den Pfaden erinnern uns daran, daß wir nicht im Jahr 4.000 v. Chr. sind.

»Dann sieht man auf den höchsten Bergen das Kloster von Camalduli; sicher ist es ein sehr frommes Werk, wie die Mönche in dieser eisigkalten Gegend leben und mit so viel Strenge Gott dienen«.

Diese Sätze schrieb Leandro Alberti 1557; sie lassen die damalige Einstellung gegenüber den Bergen erkennen: Daß die höchste Erhebung um die Einsiedelei von Camaldoli in der Toskana, der Falterona mit seinen 1.600 m und das Kloster selbst nur 1.100 m hoch liegen, minderte weder die Furcht noch den Respekt, den die Berge einflößten.

Bis zur Mitte des 18. Jahrhunderts galten diese Gegenden als wenig empfehlenswert. So sind die menschlichen Eingriffe einigermaßen beschränkt geblieben.

Stürme, Blitze, Zauberer – sicher; vor allem aber die Drachen ließen die Höhen und Gipfel furchterregend erscheinen und unnahbar. Noch 1723 empfahl der Züricher Professor, Arzt, Mathematiker und Akademiker Gian Giacomo Scheuchzer in seinem schweizerischen Touristenführer »Itinera per Helvetiae alpinas regiones« allen Bergreisenden, der Drachen wegen besonders vorsichtig zu sein. Um seiner Warnung mehr Gewicht zu verleihen, lieferte er auf 35 Seiten (nebst zahlreichen Zeugnissen und Abbildungen) eine »authentische Geschichte der schweizerischen Drachen«.

Doch auch ohne jene Fabeltiere, die die Wissenschaft längst aus ihren wirklichen Schlupflöchern und auch aus jenen unserer Phantasie vertrieben hat, ist das Hochgebirge ein Planet für sich. Um ein Beispiel zu geben: Die Flora und Fauna der Gipfel ist ansonsten wesentlich nördlicheren Gegenden eigentümlich. Nach einer Erfahrungsregel bedeutet in unseren Breiten, 1.000 m höher zu steigen so viel, wie 1.000 km weiter nach Norden zu fahren. Zum besseren Verständnis: Die Buche, die in Italien in einer Höhe von 800 bis 2.000 m vorkommt, steht an den Küsten Deutschlands, in Luftlinie ca. 1.200 km nördlicher, auf der Höhe des Meeresspiegels. Der Bergfasan, den man in den Alpen unterhalb von 1.000 oder 1.500 m nicht findet, lebt in Belgien in der Heide.

So kommt es, daß man im Hochgebirge auf die typischen Charakteristika der arktischen Tundra stößt – eine dürftige und kurzlebige Flora und eine den niedrigen Temperaturen angepaßte Fauna inmitten unberührter Natur. Diese Einsprengsel einer anderen Welt (eisig, einsam und nicht sehr weit von einem Meer entfernt, das auch die Küsten Afrikas umspült), bieten dem Naturforscher außergewöhnliche Motive.

Wenn wir die gesamte Oberfläche Italiens betrachten, (jenes Patchwork, von dem wir vorher gesprochen haben), sehen wir, daß 38,7 % aus Bergen bestehen, noch einmal 39,7 gehören den Hügeln (dazu zählen wir auch Gegenden, die man als Berge bezeichnen könnte – die Cimini, Albaner Berge, Berici, die Uccellina-Kette in der Maremma usw.). 21,6 % sind Flachland. Auch wenn wir nur die wirklichen Berge in Betracht ziehen, wird deutlich, daß diese mehr als 100.000 Quadratkilometer unseres so abwechslungsreichen Landes bedecken: ein Drittel.

Hier gilt dasselbe, was wir schon für die Wälder festgestellt haben: Nur wenige europäische Länder bieten einen solchen Reichtum an vielgestalteter Bergwelt wie Italien: Spitze Gipfel aus eisenhaltigem Gestein und Felsen aus dunklem Urgestein, Monolithen und »Basiliken« aus warmem Dolomit. Und als ob das noch nicht genügte, gibt es ja noch die großen Massive mit ihren weißen, gewundenen Gletscherzungen und die sanften Bergrücken des Apennin, die nur gelegentlich (wie beim Gran Sasso oder den Apuaner Bergen) zu stolzen Höhen aufsteigen. Dazu die rötlichen Rauchkegel der Vulkane in der Ebene, wie die Euganei oder der Sorakte; alte Inseln im Meer des Pliozän.

Ein herrliches Panorama, reich, wild und heiter – dessen Darstellung die Mühe lohnt.

Wie der Wald besitzt auch das Gebirge einen Archetypus. Selbst wenn jeder, auch der Bewohner des Flachlandes und der Ebenen, das Gebirge in seiner Eigenart eher intuitiv erfaßt, sollte man dennoch auf ihn zurückgreifen, um Wesentliches besser verstehen zu können.

Mein Idealgebirge hat folgende »klassische« Kennzeichen: Nach dem Aufstieg aus dem Tal verändert sich ganz unvermutet die Landschaft. Die bebauten Äcker werden seltener und grüner; von einer Frische, wie sie nur die Berge kennen. Büsche und Bäume erscheinen dunkler und gedankenvoller. Die Sonne wärmt stärker, und der Wind bläst reiner und kühler. Der Wachposten aber, die Grenzmarkierung für den beginnenden Berg, ist (wenigstens in den Alpen) die Tanne. Die Buche, kompaktes und helles Heer der Apennin-Massive, ist hier wenig bedeutungsvoll; dafür heißen uns die streng geformten Kegel der Nadelbäume im Reich des Schnees willkommen.

Also: Der Wald, den ich meine, muß den dunklen Faltenwurf der Tannen haben. Weiß- und Rottannen auf dem Weg zu den Wolken. Deren Füße in einem sanften und weichen Bett aus Moos. Mit Farnen und Flechten, die Steine und Felsen erobert haben. Dazu Heidelbeeren und Bärentrauben. Das ist der Lebensraum für den friedlichen Bären und das vorsichtige Reh, den Auerhahn, den Hirsch, den Marder und den Fuchs.

Der Aufstieg wird jetzt steiler. Zwischen moosbedeckten und taubenetzten Felsen stürzen Bächlein und Rinnsale herab, und der Himmel, bislang von der Bäume Kronen gedunkelt, wird heller. Unter die dicken, dunklen Tannen mischen sich, mit hellgrünen Nadeln und rissiger rötlicher Rinde, die fröhlichen Lärchen. Am Boden Moos und Heidelbeeren, die die spitzen Pfeile der Sonnenstrahlen nicht lieben und deshalb dem Buschwald weichen.

Rhododendron und Wacholder, Latschenkiefern und Erlen hemmen den Schritt, verstecken anderes Leben: Akelei und Berglilien, blauen Eisenhut und Clematis. Noch weiter oben müssen die Bäume die Waffen strecken. Nur wenige verkrüppelte Lärchen und dunkle Zirbelkiefern wachsen in dieser Höhe. Aber das Buschwerk, das sich unter der Schneelast des Winters neigt, über das die Lawinen hinweggehen, das Sturm und Eis aushält, steigt noch höher hinauf. In seinem schützenden Schatten leben Schneehühner, Birkhähne und verschiedene Hasen, weiden in der schlechten Jahreszeit die Gemsen.

Doch in der Nähe der Felswände, die sich aus den Geröllfeldern erheben, verliert auch die demütige Schar der niedrigen Büsche den Mut und räumt nach und nach das Feld.

Das Leben indes hört damit noch nicht auf. Nach Meinung der Botaniker zeigt sich erst ab dieser Höhe die wahre Alpen- und Bergnatur in all ihrem wunderbaren und kurzlebigen Reichtum.

Am Anfang sieht das nach nichts aus: In den wenigen Wochen, in denen die Schneedecke (wir sind jetzt in 2.000–2.500 m Höhe) sich zurückzieht und in tausend kleine Rinnsale schmilzt, muß die Unzahl von Lebewesen, die hier lebt, einen ganzen Lebenszyklus vollenden. Aus den weichen, gelblichen Grasbüscheln, die durchnäßt sind von monatelanger Schneedecke und Regengüssen, aus den Geröllfeldern, die von den Lawinen durcheinandergewirbelt und von den Felsen, die vom Frost durchdrungen und versengt wurden, bricht die Natur hervor.

Diese geheimnisvolle, ergreifene Wandlung wiederholt sich jeden Frühling. Vom Juni bis zum September müssen diese kleinsten Pflanzen der Alpenflora ihr kurzes Leben auf wenige Tage konzentrieren; vom frühen Trieb aus den vom Eis zerfressenen Rosetten bis hin zur Blüte, zum Fruchtansatz und zur Samenbildung. Das Ganze eingeschlossen zwischen der Schmelze des letzten weich-grauen Schnees und dem Staubzucker des ersten Weiß' am Ende des Sommers.

Dazwischen die eisigen Nächte des Hochgebirges, die brennenden Sonnenstrahlen, die Sommergewitter, das Abweiden durch die Kühe, der Mythos vom »Blumensträußchen«, der den Naturfrevel nicht entschuldigt.

Um diesen extremen Lebensbedingungen widerstehen zu können, haben die Gipfelpflanzen Verteidigungssysteme entwickelt, die ans Wunderbare grenzen.

Der gewaltigen Temperatursprünge wegen hat sich das Edelweiß mit einem isolierenden silbrigen Pelz bedeckt (diese Härchen ähneln hohlen, mikroskopisch feinen Glasröhrchen) und kann so Blätter und Blüten vor der Härte des Klimas und der sommerlichen Hitze schützen. Um Wasser speichern zu können (das zumindest in der flüssigen Form knapp ist), bildet der Hauswurz fleischige glänzende Blätter aus. Gegen die ultraviolette Strahlung schützt sich der Enzian durch seine blau-violette Färbung.

Viele Pflanzen sind klein und polsterartig und oft nur eine einzige flache Blattrosette. So können sie den heftigen Winden widerstehen. Der Vermehrung wegen verkürzen einige Arten ihren Lebenszyklus extrem; Eine Schneeranunkel, in Norwegen beobachtet, blühte fünf Tage nach der Schneeschmelze und trug schon 17 Tage später reife Samen.

Und die auf Gestein wachsenden Pflanzen?

Eingezwängt in winzige Spalten, sich an steile Felsen klammernd, von senkrecht fallenden Wänden hängend, stellen sie oft die letzten Ableger archaischer Flora dar; Relikte besonderer klimatischer und geographischer Verhältnisse. Über Jahrmillionen hinweg haben sie Vereisung und Lawinen widerstanden. Und manchmal sind einige tausend Quadratmeter Fels das einzige und letzte Lebensgebiet auf der ganzen Welt. Es handelt sich um sehr begrenzte Vorkommen an unzugänglichen Orten. Die wachsenden Gletscher des Quartär haben Gipfel und Massive isoliert und so die Differenzierung der Arten begünstigt. Oft sind es nicht einmal unauffällige Pflänzchen, sondern leuchtend blaue Glockenblumen, rosa Primeln, wilde Nelken von intensiver Farbe, Veilchen und andere Arten, bei denen sich extreme Seltenheit mit einem sehr schönen Aussehen verbindet. Der eindringlichen und ungewohnten Schönheit der Bergflora steht die scheue und flüchtige Fauna der Gipfel in nichts nach. Wer den stillen und vorsichtigen Lauf des Fuchses im schneebedeckten Wald, das Hoppeln des Alpenhasen zwischen den flechtenbedeckten Felsen, die eifrige Suche des Hermelins nach zwischen Büschen und Geröll versteckter Beute oder, göttliche Erinnerung an den Schnee, den Flug des Schneehuhns in einer Schlucht, das Schwirren der weißen Flügel nahe an den Felswänden vorbei jemals gesehen hat, wird dies ohne Zögern bezeugen. Wie die Pflanzen gehören auch die Tiere der Gebirge einer eigenen Welt an. Wie es nicht möglich ist, ein Edelweiß in der Ebene zu finden, steigen auch sie nie unter eine gewisse Höhe herab – als ob eine unsichtbare Grenze sie von den Herrlichkeiten der Täler, der Felder, der Küsten trennte.

Natürlich haben auch die Tiere wunderbare Verteidigungssysteme gegen die Wetterverhältnisse der großen Höhen entwickelt: Die Gipfelheuschrecken, die geduldig wenige Meter von den Wolken entfernt an Grashalmen knabbern, haben keine Flügel, damit sie der Wind nicht davonträgt. Das Murmeltier, das wir lustig am Eingang zu seiner Höhle spielen sehen, verbringt Monate um Monate in diesem ausgepolsterten Refugium, verlangsamt seinen Herzschlag, vermindert den Atemrhythmus, senkt seine Körpertemperatur auf wenige Grad.

Die »Glorreichen Drei« der kleinen Fauna (Hermelin, Schneehase und Schneehuhn) ziehen ihr unscheinbares, farbangepaßtes Sommerkleid aus und legen ein luxuriöses Wintergewand an. Weiß, natürlich. Ganz weiß aber wäre auch nicht elegant genug. So schmückt sich jeder (mit dem sicheren Geschmack der großen Herren) mit einem kleinen Farbtupfer. Der flinke Hase zeigt zwei schwarze Halbmonde am Ende der kurzen Ohren. Das Hermelin trägt an der Spitze seines Schwanzes ein kohlschwarzes Pinselchen (das früher die Robe der Richter zierte), und das Schneehuhn behält vom Sommergefieder die schwarzen Dreiecke der äußeren Schwungfedern und (das ist der Gipfel der Eitelkeit in der Modeschau der Berge) einen scharlachroten Samtfleck am Auge.

Weiß auf weiß: So ist es leichter, dem aufmerksamen Blick des hungrigen Adlers zu entgehen, den ausdauernden und auf Beute gerichteten Streifzügen des Fuchses, dem Hinterhalt von Luchs und Wolf. Aber hier oben, zwischen 2.500 und 3.000 m, leben noch andere scheue und zurückhaltende Lebewesen – besonders im Sommer. Die metallisch-kreischenden Schreie, die zwischen Türmen und Klippen widerhallen, stammen von der Schar kleiner schwarzer Vögel, die am Himmel Purzelbäume schlagen. Es sind in Felsspalten nistende Alpen- und Korallendohlen; sympathische Bettler, die die Abfallhaufen (Es ist eine Schande!) vieler Hütten im Apennin und in den Alpen bevölkern und lärmend der würdevoll-dunklen Silhouette des Königsadlers folgen. Dasselbe tut der große Kolkrabe, dessen klagender und rauher Schrei sich in Schneefeldern und -spalten verliert.

Und dann die kleinen Vögel der Matten und der Geröllmassen – der Alpenbergfink mit seinen schwarzweißen Flügeln, die melancholische und zurückhaltende Alpenbraunelle, der Wasserpieper, die Steindrossel und das Gartenrotschwänzchen, die im Sommer Weiden und Abhänge bevölkern.

Aber droben in der Höhe, wo auf den Nordhängen selbst im August Schneereste den Herbst erwarten, wo die Gletscher weich werden und schlammiges Wasser durch die Moränen sickert, wo die Sonne heller und heißer scheint und der Schatten dunkler und kühler ist, da oben herrscht (horngeschmückt wie ein archaischer Bockkäfer) – mit seinen gelben, schrägstehenden Augen, mit seiner massigen und doch leichten Silhouette – der Große Steinbock. Vom Himalaya bis zu den Pyrenäen, von den Alpen bis nach Äthiopien in ähnlichen Arten verbreitet, könnte der Steinbock noch vor dem gefährdeten und seltenen Adler und der Gemse zu *dem* Symbol des Hochgebirges werden.

Oben

Steinbock während eines Schneesturms.

Fotografie: Danielle Pellegrini

Seite 56–57

Sonnenaufgang auf dem Cervino.

Fotografie: Antonio Martinelli

Der Steinbock hat, wenigstens in seiner alpinen Art, mit den Höhenlagen einen unauflöslichen Pakt geschlossen. Ein Pakt, der unter Todesstrafe nicht verletzt werden darf. Wenn in den strengsten und schneereichsten Wintern die Gemsen in die Wälder hinabsteigen, um Baumrinden zu knabbern und Knospen zu naschen, bleibt er, der menschenfeindliche Herr der Gipfel, oben und steigt noch höher hinauf, dorthin, wo der Schnee sich nicht halten kann, und scharrt mit den Hufen so lange, bis er die borstigen und struppigen Büschel Schaf-Schwingel abweiden kann, die praktisch seine einzige Nahrung im Winter bilden. Und wenn er manchmal im Frühling in die Täler hinabsteigt, um das zarte Gras zu fressen, das auf den schneefreien Flecken hervorkommt, dann besteht die Gefahr, daß ein später Schneefall ihn dort unten überrascht. Dann hat er mit seinem massiven Körper Schwierigkeiten, sich auf dem verschneiten, weichen Untergrund zu bewegen, findet kein Futter und keinen Unterschlupf und stirbt einen qualvollen Tod. Und die Ökologen und Naturforscher sind sich mit Recht einig, daß man ihn nicht füttern darf: um auszuschließen, daß solche Verhaltensweisen bei den überlebenden Exemplaren zur Gewohnheit werden.

Die Steinböcke sind für mich der Höhepunkt, die Krönung jeder alpinen Landschaft. Ohne das Auftauchen ihrer krummen und knorrigen Hörner auf den Bergvorsprüngen (wo sie haltmachen, um wiederzukäuen), ohne die trockenen, hölzernen Schläge aneinandergeratender Geweihe (während der Liebesspiele, im Dezember!) und ohne den geometrischen Aufmarsch dieser Tiere an den Rändern der Geröllfelder und der Felswände wäre das Gebirge nicht das, was es ist.

Natürlich sind auch die Gemsen herrliche Tiere: Ihre Lebhaftigkeit unterscheidet sie von der nachdenklichen und medidativen Gelassenheit des königlichen Steinbockes, macht aus ihnen so etwas wie dessen Knappen oder Pagen oder Hofnarren. Die teerschwarzen, hakenförmigen Hörner, die scharfe Zeichnung des Gesichts, die akrobatische Gelenkigkeit, mit der sie über die Felsen springen, ihre größere Verbreitung in den Alpen und ihre begrenzte in den Abruzzen verleiht auch ihnen einen Adelsbrief.

Wenn der Steinbock das Salz des Gebirges ist, dann ist die Gemse der Pfeffer: dunkel, sympathisch, aktiv. Sie überwintert auch gern im Wald, schätzt Tannen- und Buchenbestände; beweglich und unbeschwert durchstreift sie in mehr oder weniger großen Gruppen die ganzen Alpen und setzt dazu an, vom Nationalpark der Abruzzen aus die höchsten Gipfel des Apennin wiederzuerobern.

Aber nicht nur die großen Huftiere machen die Höhen so faszinierend. Außer dem Alpenhasen, dem Hermelin und dem Alpenschneehuhn, die neben den Steinböcken und Gemsen die Winterlandschaft beherrschen, gibt es im Sommer den Anblick der Murmeltiere, ohne den kein Ausflug gelungen erscheint. Sie liegen glücklich vor ihren Höhlen in der Sonne, kreisen in wilden Spielen um Felsblöcke, stehen aufmerksam aufrecht, um das Tal zu beobachten oder um schrille Alarmpfiffe auszustoßen. Wie ihre Feinde, die um die Felsnadeln kreisenden Adler, geben sie der Hochgebirgslandschaft ein besonderes Gepräge.

Und die Blumen? Jene, die der Plünderung, dem Pflücken der sprichwörtlichen Sträuße entkommen sind, bieten unvergeßliche Anblicke. Wer trägt nicht das unglaubliche Bild der weißviolett leuchtenden, von blühenden Krokussen übersäten Aprilwiesen in sich? Und wer war nicht gerührt, wenn er an ersten schneefreien Stellen die ausgefransten rosa Glöckchen der Soldanelle fand? Und was soll man von dem hingetupften Blau der kleinen Enziane sagen? Und vom sogenannten »Bacchantenstab« der größeren, gelben Enziane, dem violetten Eisenhut und dem blauen Rittersporn? Und dann die runden rosa Kissen der Bergprimeln, die stolzen Häupter des Türkenbundes und der roten Lilien, der süße, vanilleähnliche Duft der Kohlröschen . . . Als ob sie um Entschuldigung für die langen duft- und farblosen Wintermonate bitten müßten, brechen die Bergwiesen in einem lautlosen Blütenfeuerwerk auf. Ihre Farbenpracht entschädigt für viele Hektar grauer Steinhaufen, in die Wolken stoßende kantige Grate, graue Gletscher, aus deren engen Spalten höchstens blasses aquamarinblaues Eis leuchtet.

Aber können wir bei dieser Betrachtung die unbelebte Natur der Berge vergessen? Müssen wir nicht auch die anorganische Materie berücksichtigen? Es ist eine besitzergreifende, vielleicht sogar sadistische Liebe, die den Menschen dazu treibt, die Gipfel zu erobern – als ob die bloße Tatsache, den Fuß darauf gesetzt zu haben, schon eine Erfahrung wäre!

Das Hochgebirge bietet uns eine unbeschreiblich faszinierende Vielfalt verschiedener Felsarten. Es genügt, sich ein wenig zu konzentrieren, um zu sehen, wie sich die Gesteinsschichten ausgetobt haben, als unter dem Druck des afrikanischen Kontinents gen Nordeuropa der Erde Eingeweide zutage trat. Man erkennt die Einwirkungen von Regen und Schnee, Wind und Eis, das mit ewiger Zunge den Stein leckt, die jahrtausendelange Arbeit von Bächen und Schmelzwasser, Wasserfällen und Überschwemmungen, die brutalen Folgen von Stein- und Schneelawinen. Da sind die riesige gletscherweiße Gneiskuppel des Gran Paradiso, die scharfen Nadeln und erhobenen Schwerter (aus Protoginogranit) der Dames Anglaises und des Dente del Gigante auf dem Mont Blanc, die spitze, unverwechselbare Pyramide des Cervino und die eckigen rosa Türme der Dolomitengipfel, die purpurnen Klingen des Lagorai-Porphyrs und die Kalkkuchen der Majella. Und dann die Vulkane. Der einsame, von Rauchwolken umgebene Ätna trägt Birken und Buchen. Und nur wenige Kilometer von Schnee und Eis entfernt blühen Orangen in den Gärten. Der Vesuv, dessen Hänge mit Unmengen weißer Häuser bebaut sind, überragt die am dichtesten besiedelte Landschaft Italiens. Wehe, wenn er wiedererwachte und alles zerstörte . . .

Berge und Gebirge, Massive und Bergketten, Hochflächen und Hochebenen machen aus dem zerklüfteten Italien etwas Einzigartiges und Charakteristisches. Was viele nicht wissen – auf diesen Höhen liegen besonders viele Naturschutzgebiete. Nicht zufällig befinden sich die größten, schönsten und besterhaltenen Nationalparks Italiens hier oben, wo die Natur noch relativ intakt scheint. Ob wir nun von den westlichen Alpen nach Osten wandern oder aus dem Ligurischen Apennin zu den Bergen Siziliens und Sardiniens hinabsteigen – die Landschaft präsentiert sich jedesmal anders.

Der zukünftige Nationalpark Meeralpen vermittelt den bizarren Reiz hoher Berge, die nicht weit von der Küste entfernt aufragen. Kleine, aber schöne Gletscher auf dem Argentera, und auch die Priester der Gipfel sind da: Adler, Steinböcke, Gemsen. Nichts dagegen zu sagen. Aber der sanfte und milde Wind, der von der Riviera aufsteigt, bringt ganz Besonderes in die sonst gleichförmige Flora der Höhen: das Geröll-Veilchen, eine wilde Lilie, Saxifraga florulenta (eine der seltensten Pflanzen Italiens), das Valdieri-Veilchen, die Allioni-Glockenblume und viele andere. Der Gran Paradiso, Triumpf der großen Fauna, der Gletscher und Gipfel, wo dank Thaon de Revel und Carlo Felice di Savoia 1821 der Welt die Spezies des Steinbock erhalten wurde, ist vielleicht der unter den Bergfreunden beliebteste Nationalpark. Vor allem wegen des Schauspiels, das die Natur bietet . . . Oder können Sie mir sagen, wo sonst in unserem zugestopften Europa man Hunderte von Steinböcken und Gemsen in Rudeln zu sehen bekommt, wie das beim Losón oder Eviona ganz üblich ist?

Unvorstellbare Berge, riesige Gletscher, ein Labyrinth von verschiedenartigem Felsgestein, große Wälder – all das bietet der Stelvio-Nationalpark auf mehr als einhuntertvierzigtausend Hektar, und ein großer Teil liegt oberhalb 3.000 m Höhe. Abgesehen von den Veränderungen, die der Wintersport und die Gewinnung von elektrischem Strom verursacht haben, sind die Zeugnisse naturhafter menschlicher Zivilisation eine Augenweide: Almen und Höfe aus Holz und Stein, Heuschober aus Stämmen, Einfriedungen, unbefestigte Wege, kleine Kapellen, bewirtschaftete Wiesen, Ställe. Auch hier verschiedene Tiere: Adler, Steinböcke, Gemsen, aber auch Hirsche, Rehe und Auerhähne, die im felsigeren und weniger waldreichen Gran Paradiso nicht oder nicht mehr vorkommen. Und ab und zu die friedlichen Braunbären.

Die auch »Blasse Berge« geheißenen Dolomiten (mit bekannten und wohlklingenden Namen wie Marmolada, Lavaredo, Antelao, Nuvolau, Marmarole) sind kein nationales Schutzgebiet, aber an ihrer äußersten rechten Flanke gibt es eine Reihe von Massiven, die mit gut verwalteten geschützten Wäldern bedeckt sind, und die die Grundlage eines künftigen Nationalparks der Dolomiten bei Belluno oder den Feltriner Berger bilden könnten. Auch hier ist die Bergwelt noch vollständig; außer Steinböcken und Murmeltieren gibt es Hirsche und Gemsen, Adler und Rehe, Schneehasen, Hermeline, Salamander und Auerhähne, Tannen und Latschenkiefern.

»Die südlichen Kalkalpen: Das sind nur drei Worte, die aber das Übermaß an alpiner Schönheit des Hochgebirges anklingen lassen und zusammenfassen – jene erhabene Größe und unendliche Materie, die der südliche Himmel mit seinem märchenhaften Blau überwölbt . . .« So begeistert beschrieb Anfang dieses Jahrhunderts der Verfasser eines österreichisch-ungarischen Touristenführers die Dolomit- und Kalkberge, die zwischen Österreich und Jugoslawien den äußersten östlichen Zipfel unserer Alpen bilden. Abgesehen von den hell aufstrebenden Monolithen des Jof di Montasio und des Jof di Miezegnot (Montasio-Spitze und Miezegnot-Spitze) ist der größte Reichtum hier der Wald: Die unteren Hänge ziert eine üppige Decke aus duftenden Schwarztannen, gemischten dichten Buchenwäldern, Latschen und Kiefern, die durch große wasserreiche Täler und über grasbedeckte Bergrücken hinweg einander nachlaufen. Auch hier sendet die dinarische Flora seltene und schöne Pflanzen als Boten aus. Und dann die Tiere: Hirsche und Rehe gibt es in so großer Zahl, daß man sogar Wilddiebe aus dem nahen Österreich gestellt hat. Über die slowenische Grenze kommen, ohne Paß, viel willkommenere Gäste: der braune Alpenbär und der Luchs.

Und der Apennin?

Auch auf diesem zerklüfteten Rückgrat sind die naturgeschützten Gebiete nicht selten. Zum Teil schon in Funktion, zum Teil erst geplant oder durch Naturschützer gefordert – die Wälder von Casentino um die anfangs erwähnte Einsiedelei von Camaldoli, die göttlichen und geheimnisvollen Massive der Sibillini-Gruppe, in deren Kalkschluchten und auf deren Blütenwiesen gar schreckliche Legenden herumirren. Auch die Wölfe leben noch in der Verfolgung und warten auf den schützenden Park. Schließlich das Juwel der italienischen Naturparks, das großzügige und bewundernswerte Konzentrat der Apennin-Natur, der greifbare Erfolg von 60 Jahren Naturschutz: der Nationalpark Abruzzen. Dort kann man an einem einzigen Tag mit etwas Glück Gemsen und Hirsche, Rehe und Wildschweine, Adler und Bären sehen. Das Ganze in einem Rahmen von unberührter Schönheit (zumindest auf den Bergen); im Sangro-Tal hingegen hat die Bauspekulation böse Spuren hinterlassen.

Wir finden Buchen- und Pinien- (die schwarze Pinie von Villetta Barrea!), Steineichen- und Latschenkieferwälder. Und dann das Adelsverzeichnis der apenninischen Fauna, andernorts verschwunden oder stark reduziert: die wohlgebaute zutrauliche Apenningemse, der Marsica-Bär (als lokale Gottheit), der gedrungene, dunkle Apenninwolf sowie Hirsche und Rehe, die im 18. Jahrhundert ausgerottet und später wieder angesiedelt wurden, Adler und Eichhörnchen, Dachse und Füchse, Wildschweine und dalmatinische Spechte.

Berge über Berge ... Zwischen Calabrien und Lukanien der Park von Pollino. Er muß noch realisiert werden – existiert aber schon im Herzen derer, die seit Jahren um ihn kämpfen.

Zur Freude der Pflanzengeographen erfährt hier das klassische Schema der Apenninen (erst Eichen, dann Buchen, Weideland und Himmel) eine wichtige Veränderung: Über der Buchenschärpe, die allen Bergen der Kette gemeinsam ist, werden die Wiesen durch riesige aus dem Balkan stammende Bäume bereichert. Es sind die berühmten Panzerföhren (oder Schlangenhautkiefern), die ihren Namen dem »Panzerhemd« der silbriggrauen Schuppenrinde verdanken.

Weiter unten, im waldreichen Calabrien, befindet sich der 1986 gegründete fünfte Nationalpark Italiens. Es sind drei große Inseln aus Berg und Wald: die Sila Grande, die Sila Piccola und der Aspromonte. Hier gibt es eine auffällige Abweichung vom Aufbau des klassischen Kalkapennins: Granit. Neben vielen Buchen wachsen hier auch die robusten korsischen oder kalabrischen Schwarzkiefern. Hier wird das stereotype Bild vom trockenen, kahlen, abgeholzten und erodierten Süden ad absurdum geführt: Wälder und Weiden, Seen (wenn auch künstlich) und Flüsse, welche die Sila-Hochebene hervorbringt, erinnern an die Alpenlandschaft.

Die Anwesenheit des Wolfes erinnert daran, daß wir auf dem Vorderblatt des italienischen Stiefels sind, und daß hier die »Wildnis« kein leerer und überwundener Begriff ist.

Von der Höhe des Aspromonte, dem letzten Zipfel des Parks Calabrien, sieht man jenseits der Meerenge die weiße, horizontale Klinge des Ätna. Und seine dünne Rauchzunge, die er weit herausstreckt. Dieser Berg will und muß ernst genommen werden; der einzige nichtalpine Gipfel, der die 3.000 m um einiges übersteigt. Der größte europäische Vulkan und einer der größten der Welt. Sein bedrohlicher Schatten bedeckt am Morgen halb Sizilien. Auf seinen Flanken trägt er Lapilli-Wüsten und phantastische Gebilde aus erstarrter Lava. Dazu eine fremd anmutende Flora; zu der, wenige Kilometer vom afrikanischen Meer entfernt, auch nordische Birken gehören sowie Buchen, Roßkastanien und Lavaquellen, Wildkaninchen und Ätnaginster. Was braucht man mehr, um daraus einen Nationalpark zu machen?

Das sardinische Bergmassiv Gennargentu ist nur 1.800 m hoch. Aber man darf nicht vergessen, daß wir nicht weit vom Meer entfernt sind, und daß erhabene Einsamkeit den Berg umhüllt, was der Natur zugute gekommen ist. Auch hier gibt es den Vorschlag für ein Naturschutzgebiet ... Bevor das Massiv ins Meer taucht, wechselt es seine Haut, die kristallinen Felsen werden zu Kalk. Aber von diesen »Meeresbergen«, von Felsküsten, Inseln und Klippen sprechen wir im nächsten Kapitel.

Oben
Ätna-Ausbruch über dem Bove-Tal.

Fotografie: Giovanni Tomarchio – Panda Photo

Magie der Alpen

Die Dolomiten, die schönsten Berge Europas, werden auch die »Blassen Berge« genannt; diese Bezeichnung verliert bei Sonnenauf- und Sonnenuntergang ihre Gültigkeit, wenn das Kalkgestein durch die Sonnenstrahlen in Brand gerät und es zum »Alpenglühen« kommt. Die Dolomiten sind keine großen Berge, ihr Zauber aber hat sie zu den meistbewunderten und -geliebten der ganzen Alpenkette gemacht.

● *Unten*

Dolomitengipfel im Alpenglühen.

Fotografie: Stefano Zardini

★ *Seite 64–65*

Die scharfen Spitzen des Mont-Blanc-Massivs.

Fotografie: Paolo Jaccod

■ *Seite 66–67*

Der Doufour-Kamm des Monte Rosa bei Sonnenaufgang.

Fotografie: Giulio Veggi

Beherrscher der Höhen

Das größte und schönste Tier des Hochgebirges ist der Steinbock, der im Dezember heftige Kämpfe um die weiblichen Tiere ausficht.

★ *Seite 68 und 69*

Fotografien: Giorgio Marcoaldi – Panda Photo

● *Seite 70–71*

Akrobatische Sprünge eines Steinbocks auf dem Croda-del-Becco-Grat.

Fotografie: Giorgio Pezza – Agenzia SIE

Durch den starken Körperbau und die widerstandsfähigen und griffigen Hufe bewältigt der Steinbock die kühnsten und akrobatischsten Kletterpartien; auf diesen Fotos steigt ein weibliches Tier in einem Kamin mit senkrechten Wänden ab.

Seite 72–73
Fotografien: Pete Dine – Panda Photo

Winterskulpturen

★ *Oben und rechts*
Fantastische Formen
in den Monte-Rosa-Gletschern.
Fotografie: Giulio Veggi

● *Seite 76–77*
Gletscher auf dem Stelvio.
Fotografie: Marcello Bertinetti

■ *Seite 78–79*
Lawine im Frühling.
Fotografie: Riccardo Ferrari

Schneekleider

Der winterliche Schnee bedeckt nicht nur Felsen und Bäume; auch viele Tiere, wie dieser flüchtende Schneehase, ziehen ihr braunes Sommerkleid aus und hüllen sich in Weiß, um unauffälliger zu werden. Der Alpenhase ist zwar selten, aber in verschiedenen Spielarten in den ganzen Alpen zu finden.

Unten

Fotografie: Luciano Ramires

Während das Alpenschneehuhn und das Hermelin schon ihr weißes Winterkleid angelegt haben, ist der Berghase noch in seinem graubraunen Sommerfell vom ersten Schnee überrascht worden. So ist er für seine beutesuchenden Gegner, wie Fuchs und Adler, leichter zu entdecken.

Oben
Schneehuhn im Winterkleid.
Fotografie: Paolo Jaccod

Rechts
Hase in Herbstfärbung
Fotografie: Luciano Ramires

Seite 83 oben
Hermelin im Winterkleid.
Fotografie: Luciano Ramires

Während sich das weiße Rebhuhn, das die Höhen nie verläßt, im Winter durch ein weißes Federkleid schützt, legt der Auerhahn, dessen Lebensraum der Wald ist, kein Winterkleid an.

★ *Oben*

Ein Prachtexemplar von Auerhahn bereitet sich auf den rituellen Morgenkampf vor.

Fotografie: Eric Dragesco – Overseas

● *Links*

Weiß in weiß – Schneehuhn im Gran Paradiso.

Fotografie: Marco Parrini

Tanz der Bergfasane

Im Frühling, wenn noch Schneereste die Abhänge bedecken, veranstalten die Bergfasane ihre typischen und heftigen Balzkämpfe, auf die viele Volkstänze Tirols und Bayerns zurückgehen.

Seiten 86–87/88–89

Fotografien: Eric Dragesco – Panda Photo

Sommerspiele

Wenn das Wetter wärmer wird, beginnt für die Murmeltiere die Zeit der Spiele und der Paarung. Dabei gibt es lange Verfolgungsjagden über die Wiesen und eine fröhliche Werbung um das Weibchen.

Oben
Fotografien: Angelo Opezzo

Rechts
Fotografien: Manfred Danegger – Agenzia Masi

Kampf um das Überleben

Für dieses unvorsichtige Murmeltier, das sich nicht zum Winterschlaf in seine Höhle zurückgezogen hat, gibt es keine Hoffnung mehr; der Fuchs kennt keine Gnade. Das ist das Gesetz der natürlichen Auswahl, welches in der Tierwelt herrscht.

Seite 92 und 93

Fotografien: Luciano Ramires

Seite 94 und 95

Einsamer Spaziergang eines Fuchses in den Weiten des Nationalparks Gran Paradiso.

Fotografie: Luciano Ramires

Auch für den Fuchs liegt das Schicksal auf der Lauer; der große Adler schlägt mitleidlos und mit sicherem Griff seine Beute.

Oben

Fotografie: Varin Visage – Overseas / Jacana

Rechts

Fotografie: Luciano Ramires

Vor dem Winterschlaf

Bären leben jetzt in Italien nur noch im Trentino, im Tarvisiano und in den Abruzzen. Ihre Gesamtzahl liegt unter hundert Tieren. Auf dem Foto spielen zwei erwachsene Bären im Schnee, bevor sie sich zum Winterschlaf in ihre Höhle zurückziehen.

Oben
Fotografie: Giuliano Cappelli – Panda Photo

Rechts
Fotografie: Henry Ausloos – Panda Photo

Die Alpengemsen

In Italien gibt es zwei verschiedene Unterarten der Gemsen: die Alpengemse, dunkler und mit kürzeren Hörnern, und die Abruzzengemse, mit farbigerem Fell und längerem, stärkerem Gehörn. Obwohl sie gewöhnlich in Höhen über 1.500 m leben, steigen sie im Winter in die tiefergelegenen Wälder hinab.

Unten

Gemsenweibchen und Jungtiere auf einem Kamm der Westalpen.

Fotografie: Luciano Ramires

Seite 102 und 103

Zwei männliche Jungtiere spielen im Schnee.

Fotografie: Eric Dragesco – Panda Photo

Im Sommer leben die Gemsen am liebsten auf den Wiesen oberhalb 1.700 m, wo sie sich vor den Angriffen ihrer natürlichen Feinde sicherer fühlen. In der winterlichen Jahreszeit steigen sie tiefer hinunter und wagen sich, auf der Suche nach Nahrung, in die Wälder, wo Wilddiebe und Wölfe sie leicht jagen und töten können.

Ihre Widerstandskraft, unvergleichliche Beweglichkeit und Reaktionsgeschwindigkeit und eine perfekt angepaßte anatomische Struktur ermöglichen den Gemsen den Zugang zu völlig unwegsamem Gelände, den Abstieg in steilste Regionen und schwierigste Sprünge von natürlicher Eleganz.

Oben

Wie der Steinbock zeigt auch die Gemse akrobatische Begabung.

Fotografie: Manfred Danegger – Agenzia Masi

Rechts

Junge Gemse im Winterfell.

Fotografie: Angelo Opezzo

Die Farben der Abruzzen

Oben

Abruzzengemse im Winterfell.

Fotografie: Alessio Petretti – Panda Photo

Rechts

Abruzzengemsen im Sommerfell.

Fotografie: Angelo Gandolfi

Seite 112–113

Der Marsica-Bär hat nur im Nationalpark Abruzzen und in den angrenzenden Gebieten überleben können.

Fotografie: Manfred Danegger – Agenzia Masi

Oben

Silbermöwe.

Fotografie: Marcello Bertinetti

Links

Rote Korallen.

Fotografie: Massimo und Lucia Simion

Rechts

Lampedusa – die Kanincheninsel.

Fotografie: Anne Conway

Wellen und Klippen

Mitten im Meer ein Fels vor einem schaumigen Strand. Oft überspült, von den Wellen gepeitscht, die hoch gehen, wenn der Wintersturm die Sterne verbirgt. Bei Windstille aber beherrscht er das unbewegliche Wasser, willkommenes Reich und Zuflucht für die Kormorane, die die Sonne lieben.

VERGIL, Äneis

»Schönes Italien, geliebte Küsten / zurückkehren will ich zu diesem Anblick / es zittert das Herz und ist verwirrt / die Seele vor Freude beklommen«.

Trotz dieser Verse Vincenzo Montis weiß ich nicht, ob »geliebt« das richtige Wort für das Verhältnis der Italiener zu ihren Küsten ist. Vielleicht beschreibt ein sardisches Sprichwort ihre Gefühle für diese Grenze zwischen Meer und Land besser: Wer vom Meer kommt, tut dies, um zu rauben. Diese Lebenswahrheit kennzeichnet umfassend unsere Haltung zu den 7.456,40 Kilometern vielfältiger abwechslungsreicher Küste, die uns vom Reiche Neptuns trennt und mit ihm verbindet.

Die Strände, helle, freundliche wasserbenetzte Streifen, wurden geliebt – auch weil man dort die Boote an Land ziehen (Galeeren und Barken, Schaluppen und Kanus) und die verschiedenen Fischernetze ausbreiten konnte. Vorgebirge, Klippen, Felswände aber verband man schon seit der Antike mit Schiffbrüchen, Meeresungeheuern, Hinterhalten. Nicht ohne Grund lagen Kerker und Festungen, Einsiedeleien und Piratennester immer auf uneinnehmbaren Felsstürzen, unzugänglichen Inseln, Vorgebirgen: Denken Sie an das Chateau d'If, den Kerker von Gaeta, die Klöster auf dem Berg Athos, die Strafanstalten von Santo Stefano von Ventotene, Gorgona, Asinara, Alcatraz usw.

Felsküste also als Lagebeschreibung für Strafe, Isolierung, Angst und Tod. Und neben dieser finsteren Seite die leuchtend helle der Inseln und Vorgebirge, die der Schönheit, der Freude, der Liebe, den Gottheiten geweiht sind: Capri zum Beispiel, Amalfi, Portofino, die Cote d'Azur, Kap Sunion, Delos.

Der Begriff »Steilküste« trifft also nur einen Aspekt unseres Themas, dessen Bedeutung weit beziehungsreicher ist.

Zur Felsküste zählt die hohe, senkrechte Klippe, die wie eine Klinge in die Flut schnellt und sich in der violetten Tiefe verliert. Oder das flache, algenbesetzte Plateau, das ins Meer ragt. Felsküste ist auch der skulpturengleich aufeinandergetürmte rosa Granit der Gallura, die schwarze Lava, die sich bei Catania oder bei den Vulkaninseln ins Meer ergießt; auch die von den Hängen der Vorgebirge herabgestürzten Brocken, die der zerstörerischen Kraft der Wellen Widerstand leisten. Ob hohe oder niedrige Felsküsten, Klippen und Inseln, Untiefen und Höhlen unter der Wasseroberfläche – wichtig ist, daß sie die Wellen aufhalten, das dahinterliegende Land schützen und vielen Geschöpfen des Meeres Unterschlupf bieten.

Natürlich sind die vom Südwestwind gepeitschten, schaumgekrönten Sturzwellen ein herrlicher Anblick; auch die Welle am Strand, die »bebt, aufsteigt / anschwillt, sich krümmt, voller Licht sich überschlägt...«, wie D'Annunzio jubelt. Unvergleichbar jedoch und alles andere übertreffend ist das Bild der gegen die Felsenküste schlagenden Brandung: Garben von weißem Schaum, Fontänen salzigen Wassers, unter der Oberfläche brodelnde, blasige Luft und hin- und hertreibende Algen. Und über allem das vertraute Tosen, das die Begegnung der Wellen mit dem Felsgestein begleitet. Auch wenn das Meer nur wenig bewegt ist und das Wellenspiel träge, ist die Felsküste immer ein sensibles Echo: Gischt, Brandung, Brecher und hohe Wellen künden vom ewigen Zusammenspiel zwischen Meer und Fels. Wer das Wesen des Meeres nicht versteht, betrachtet die Küstenlinie, besonders die Felsküste, als strenge und unabänderliche Grenze zwischen zwei völlig verschiedenen Elementen. Dagegen herrscht zwischen dem einfachen Strand und dem Meer eine freundlichere Beziehung; Lagunen, Mündungen und Deltas sowie stehende Gewässer mildern die Gegensätze.

Nicht zufällig befinden sich die antiken finis terrae (Grenzen der Erde) immer auf Felszungen im Meer; man denke an das stürmische Kap Finisterre in Spanien oder an die sturmgepeitschte Gegend von Finistère in der Bretagne.

Und dennoch, das werden wir durch Bilder und Worte zu beweisen suchen, ist die Verbindung von Meer und Land auch in den felsigen Gegenden dauerhaft intensiv. Viele Geschöpfe des Meeres und des Landes sorgen in einem stetigen Austausch für zarte und feste Bande zwischen diesen zwei anscheinend so verschiedenen und voneinander getrennten Lebensbereichen. An den flachen und den menschlichen Eingriffen leicht zugänglichen Sandstränden ist die natürliche Vegetation fast völlig verschwunden oder extrem reduziert. Dagegen gibt es kein Vorgebirge und keine Felsklippe (außer denen, welche senkrecht ins Meer abfallen), die nicht mehr oder weniger das natürliche Gesicht der mediterranen Vegetation behalten haben. An der Adriaküste zum Beispiel sind als einzige Vorkommen der immergrünen Macchia der Gargano, der Cónero und das Duino-Riff bei Triest geblieben.

Der restliche Teil ist völlig verändert; durch Uferstraßen, Molen, befestigte Kais, aufgeschüttete und geschotterte Wege und Bahnlinien sowie Badeanstalten der Natur entzogen.

Allein die unzugänglichen und wilden Felsküsten tragen ihre ursprüngliche Vegetation, die nur dort gedeiht.

Dasselbe Phänomen in etwas weniger extremer Form finden wir an der tyrrenischen Küste: Dort gibt es nur noch kümmerliche Pinienwälder; die Macchia herrscht nur auf dem Circeo, dem Argentario, den Vorgebirgen von Piombino, der Uccellina, Portofino, Castiglioncello...

Links

Nordküste der Insel Lampedusa.

Fotografie: Anne Conway

Die mediterrane Macchia hat sich auf Felsstränden verbarrikadiert; sie führt keine leichte Existenz. Brände verwandeln den grünen Teppich in eine schwarze Hölle von Sümpfen und toten Bäumen, ausgehungerte Ziegen weiden das Unterholz ab und fressen die neuen Triebe, die salzige Gischt des Meeres verbrennt die Kronen. Was übrig bleibt, wird durch Straßen, Häuser und Landwirtschaft zerstört.

An vielen Orten ist die Macchia jedoch noch vorhanden. Duftet, besonders in heiteren, warmen Nächten, nach Myrte, Meeres-Zistrose, Mastix und Rosmarin. So kennen die Seeleute die sardische Küste. Der von der Mittelmeermacchia (und nur von ihr!) verströmte Duft ist Teil eines komplexen Schutzsystems, das die solch extremen Lebensbedingungen ausgesetzten Pflanzen entwickelt haben. Die ätherischen Öle in den Blättern, welche die Tiere (besonders die gefräßigen Ziegen) nicht schätzen, begrenzen den Verbiß; die lederartige Oberfläche der kleinen Blätter mindert den Wasserverlust und macht die Glut des Sommers, die salzgesättigte Luft und den Schmirgeleffekt des Sandes erträglicher. Der dichte und kompakte Wuchs schützt vor dem Abweiden und vor der Gewalt des Windes, der die widerständlerischen Bäume zu fantastischen Formen biegt. Die glänzenden Blätter der Myrte, des Mastix, der Kork- und Steineiche, der wilden Olive, des Kreuzdorns, des Erdbeerbaums und der Steinlinde werfen die Sonnenstrahlen zurück, wirken wie Spiegel und schützen so die darunter liegenden empfindlichen Teile. Der Ginster optimiert seine luftigen Strukturen zu kompakter zylindrischer Form; eine Unterart – wie auch der Christdorn – wehrt sich mit Dornen gegen die Ziegen. Die rissige, dicke Rinde der Korkeiche widersteht unter Umständen sogar Bränden; und die Fähigkeit des Erbeerbaums, auch nach dem Verbrennen der Krone wieder auszuschlagen, beweist die ungeheure Anpassungsfähigkeit dieser Vegetation, die gleichzeitig Weihrauchkessel, blühender Teppich und grüne Schutzschicht für den Wasserhaushalt und die Stabilisierung der Abhänge ist. Die ideale Felsküste aber ist für mich jene, welche die immergrüne Macchia ganz oben, auf der Klippe, trägt. Dort wächst der phönizische Wacholder mit seinen eigenartig gewundenen Zweigen, läßt der Rosmarin seine Schößlinge über die Felsen fallen, ist die Luft voller Düfte und Aromen. Der Stein selbst trägt fast keine Vegetation. Ich sage fast, weil sich in allertiefsten Spalten und auf allerkleinsten Vorsprüngen (in die etwas Humus geraten ist) die eine oder andere Palme angesiedelt hat. Die schönste, edelste und seltenste von ihnen (den Jägern ein Geschenk der Wachteln, die die Samen in ihren Eingeweiden von Afrikas Küsten mitbringen) und ein Vertreter heißeren Klimas ist der Zwergbaum (St. Pietro-Palme).

Von den steinigen Schluchten von Punta Ala, den unzugänglichen Felsen des Argentario, den Steppenhängen des sizilianischen Capo S. Vito und des Capo Caccia in Sardinien sendet diese stachlige kleine Palme ihre archaische Botschaft aus.

Weiter unten, wo der feuchte und salzige Atem des Meeres die Steine mit Salz näßt, können nur wenige Pflanzen überleben. Sie lassen sich an einer Hand abzählen: Der grau-blaue fleischige Blätter und grünlich-gelbe Blüten tragende, Brandung und Wellengang trotzende Seefenchel, die zarten, aber widerstandsfähigen Staticen mit kleinen Rosetten aus herzförmigen grünen Blättchen und niedlichen violetten Blüten.

Die auffallendste Pflanze des Quintetts ist die See-Zinerarie. Falls die Felsküste für Sie etwas mehr ist als das Hindernis, dem man mit dem Boot nicht zu nahe kommen darf, werden Sie sie kennen – mit geschlitzten, von silberweißem Flaum bedeckten Blättern und tiefgelben Blütenständen, die ein wenig andie kleineren und dichteren der Immortellen erinnern.

Etwas weiter oben, um ihre purpurroten und violetten, rosa- und karminroten Köpfe vor dem Salzwasser zu schützen, wachsen die Seelevkojen; auch sie mit geschlitztem Blattwerk. Offensichtlich beherbergt die Felsküste also doch einige Pflanzen. Wie aber steht es mit den Tieren? Gibt es, außer ein paar Eidechsen, noch anderes animalisches Leben, das auf Dauer an diesen steilen und trockenen Senkrechten, aufgehängt über einer Wasserwüste, existieren kann? Aber ja! Und es lohnt sich, darüber zu schreiben. Auf solchen Felsklippen, zumindest dort, wo der Mensch das schon lange bestehende ökologische Gleichgewicht noch nicht zerstört hat, existieren regelrechte Lebensgemeinschaften. Jeder Partner pflegt seinen eigenen Stil, der allerdings mehr oder minder von dem bewegten, brodelnden Element drunten in der Tiefe bestimmt wird.

In hochgelegenen, vom Regen in ewiger Arbeit in den Fels gewaschenen Vertiefungen, brütet der wohl bekannteste Greifvogel. Als schwarzer Pfeil mit sichelförmigen Flügeln stürzt sich der Wanderfalke, Lieblingsvogel Kaiser Friedrichs II., von der Klippe auf die Beute, die nichtsahnend unter seinem Nest vorbei fliegt. Besonders Wildtauben sind häufige Opfer seines Sturzfluges. Bevor sie ihre Wohnstatt auf allen Plätzen und historischen Monumenten Italiens suchten, pflegten sie hier zu nisten – und es gibt sie natürlich auch heute noch an diesen sturmgepeitschten und meeresnahen Plätzen. In den schmalsten Ritzen und Spalten ziehen der Mauersegler und der größere Alpenmauersegler, zwei elegante Flieger, ihre Brut auf. Bei Sonnenuntergang treffen sie sich mit schrillen Rufen am Küstenhimmel.

Die hier genannten Vögel können jedoch auch im Gebirge leben, in den Schluchten des Landesinneren, in den Felswänden, die hie und da aus den Ebenen aufragen. Sie sind, genau gesagt, nicht nur Seevögel. Die leben weiter unten.

Wußten Sie, wo die großen Möwen, die man in trägem und schwebendem Flug hinter Fischerbooten und Dampfern herfliegen sieht, die an Anlegestellen und in Häfen herumlungern und leider auch die städtischen Müllhalden bevölkern, ihre Jungen aufziehen? An Stränden oder in Sümpfen?

Weit gefehlt. Es sind Felsen und Inseln, Klippen und unzugängliche Vorsprünge. Dort befinden sich sowohl die Nistplätze der großen als auch die der scheuen und seltenen korsischen Möwe.

Hier versammeln sie sich im Frühling in weißen, lärmenden Scharen, hier bauen sie ihre etwas schlampigen Nester aus trockenen Algen und Asphodelenblättern, hier legen sie ihre großen rissigen Eier, hier brüten sie, hier kümmern sie sich unter seltsamen Schreien (Bellen, Jaulen, Zetern, Klagen) um ihre unbeholfenen, wolligen Nachkommen. Aber auch andere Meeresvögel bevorzugen Felswände und nicht Strände oder Sümpfe für die Aufzucht ihrer Jungen.

Denken Sie an den Sturmtaucher, diesen unbeholfenen grau-weißen Vogel (Sie haben ihn sicher schon gesehen). Seine schwere dunkle Silhouette streicht so dicht über das Wasser, als wolle er darauf sein Lineament verewigen.

Er verbringt das ganze Jahr auf dem Meer; im Frühjahr aber zieht er sich in die Felsen zurück, um dort zu nisten. Je tiefer die Hohlräume sind, um so sicherer fühlt er sich. Er legt nur ein einziges Ei, und es gibt viele Feinde (vor allem Menschen), die es ihm mißgönnen. Auf den Inseln vor Sizilien ist das Ausrauben der Nester noch sehr verbreitet, besonders auf Linosa. Tausende von Gelegen gehen so verloren.

Auf großen Felsblöcken, ganz nahe am Wasser oder in niedrig gelegenen Höhlen am Ufer findet man das grob gebaute Nest des Kormorans und der Krähenscharbe.

Wenn man mit dem Boot unter den Felsküsten entlang fährt, kann man sie, besonders in Sardinien, antreffen: Würdige dunkle Vögel in aufrechter Haltung und mit schlankem Körper, aber auch räuberische Verfolger der Fische und Raufbolde, die sich nie zu weit von der kühlen Umgebung der Felswand entfernen. In den sich zum Wasser öffnenden mythischen Grotten mit den eindrucksvollen Namen brachten früher die Mönchsrobben ihre Jungen zur Welt: in Sardinien wie in Apulien, in Sizilien wie am Argentario. Auch heute noch künden – für die meisten unverständliche – Ortsnamen von diesen Tieren: Bärenkap (Seebär lautete eine ihrer Benennungen), Kuhsee (von Seekuh), Ochsenbucht, Grotte des Seeochsen. Sie alle beziehen sich auf die wunderschöne Mittelmeerrobbe.

»Und um ihn herum, aus den grauen Wellen auftauchend«, singt Homer in der »Odyssee«, »ruhen im Rudel die Robben: Ihre Füße sind zum Schwimmen gemacht; diese schönen Töchter des Meeres verströmen den strengen Geruch der Untiefen.«

Und Vergil beschreibt sie in seiner »Georgica« (IV, 430) so: »Sie strecken sich am Strande verstreut zum Schlafen aus – die Robben.« (Sternunt se somno diversae in litore phocae . . .). Noch am Ende des 19. Jahrhunderts waren diese Flossenfüßler, von denen es nicht einmal mehr zehn vor Sardinien gibt, an unseren Küsten weit verbreitet, aber nicht gern gesehen. In der Naturfreundezeitung »Bolletino del Naturalista« wurde 1896 folgende Begebenheit beschrieben: »Am 18. März ging ein Bauer von Lampedusa am Strand entlang und hörte zu seiner Überraschung ein starkes, seltsames Schnarchen, schaute sich um und bemerkte ein großes merkwürdiges Tier, das, auf Algen ausgestreckt und sich in der warmen Frühlingssonne wärmend, schlief. Der Bauer lief nach dem ersten Schreck nach Hause, holte ein Gewehr und tötete das Tier mit zwei gezielten Kopfschüssen (Sternunt se somno diversae in litore phocae . . .).«

Mit dieser Feuchtzone, in der die Beziehungen zwischen Meer und Erde, zwischen Tier- und Pflanzenwelt dichter

Seite 118

Eine Unterwasseraufnahme des Schwertfisches gelingt nur selten.

Fotografie: Luca Sonnino Sorisio – Panda Photo

Rechts

Flugbilder einer jungen Silbermöwe.

Fotografien: Marcello Bertinetti

geknüpft und vielfältiger sind, beginnt der interessanteste und vielfältigste Bereich unserer Felsklippe.

Wo das Spritzwasser noch hinreicht (wenn auch nur für wenige Tage im Monat), die steilen Felsen benetzt und Salz in den Rissen und Spalten hinterläßt, ist Leben. Trotz der stürmischen Schläge des Meeres bei Seegang, der langen Perioden heißester Sonnenstrahlung, intensiver Salzeinwirkung und Trockenheit, entdeckt man bei genauem Hinsehen in den Felsritzen und -spalten Kolonien von Seepocken, welche die steinerne Oberfläche mit weißen Tupfen auflockern. An feuchten Stellen findet man die runden, dunklen, kleinen Gehäuse der Strandschnecken, typische Mollusken dieser Lebensräume, und oft wie in kleinen Ketten aneinander aufgereiht. Der violett und gelbgrün gefärbte Krebs bewegt sich sowohl oberhalb als auch unterhalb der Meeresoberfläche ziemlich behende. Führt ein geheimnisvolles Doppelleben. Bereit, sich ins Trockene zu retten, wenn ein Fisch ihn belagert. Oder sich ins Wasser zu stürzen, wenn ihm eine Möwe zu nahe kommt. Er ist der Bote, der zwischen dem Reich des Jupiter und dem des Neptun hin- und herpendelt, der typische Bewohner dieser veränderlichen Zone.

So etwas wie ein steinerner, kalkalgenbesetzter Gehweg (die französischen Biologen sprechen von einem Trottoir) markiert den Übergang vom flacheren zum tieferen Wasser. Es sind merkwürdige Algensteine; kantig und zerklüftet und in wunderschönen zarten Farben leuchtend: blaßviolett und schimmelgrün, tiefrosa und schmutzigweiß. Unter ihnen wimmelt es von Krustentieren, Mollusken und verschiedenen kleinen Fischen.

Jetzt, noch etwas tiefer, umgibt uns das Wasser, das dunkle Blau der Tiefe, ganz. Die See schlägt rhythmisch gegen den Felsen und läßt ihn wieder los – hier ist das Tierleben besonders artenreich. Der Sauerstoff, den die Wellen eingefangen haben, kräuselt das Wasser und macht es weiß, die Sonnenstrahlen dringen mit voller Kraft ein, hier kommen die Nährstoffe, die der Regen auswäscht, zuerst an.

Ein lebendigeres Gebiet gibt es nicht im Meer.

Die Schleimfische wirken unscheinbar und haben einen abstoßenden Namen. Man muß sie aus der Nähe betrachten, um ihren stillen Charme zu entdecken: Es gibt peperonirote mit schwarzen Köpfen, olivgrüne mit türkisfarbener Stickerei, schwarzweiße und gelbe mit rot- und schwarzgepunkteten Köpfen.

Mit ihnen beginnt der vielfarbige Karneval des Felsriffs. In dieser bewegten und sonnendurchfluteten Zone trägt man die herrlichsten, phantastischsten Schuppenkleider. Man trifft die auffallend gesprenkelten Lippfische, die Demoisellefische mit roten, schwarzen und jadegrünen Streifen und die Pfauen-Demoisellefische im Prinzessinnenkleid: rotes Gesicht mit blauem Muster, grüner Körper mit blutroten Intarsien, rosa, hellblaue und rote Flossen, blauroter oder roter Schwanz. Das Schönste dabei ist, daß diese Juwelen nicht einmal selten sind, sondern überall verbreitet; am meisten natürlich in südlichen Gefilden. Und dann die Meerbarben mit ihren goldenen und roten Längsstreifen, die stachligen rosa-, kaminrot-, gelb- und purpurmarmorierten Drachenköpfe; die eleganten schwarzweißen Brassen, die Goldstriemen mit Zeichnungen wie Messing und Stahl, die Marmorbrassen, die Meeräschen, die Seebarsche – all diese Fische gehören in den Bereich der Meeresoberfläche. Spräche man nur von ihnen, täte man allerdings den anderen Tieren Unrecht. Hier, ganz in der Nähe des Sonnenlichts, stößt man auf an Steinen geklammerte scharlachrote Purpurrosen, stachlige violette Seeigel, philosophisch wirkende Polypen, Seeanemonen mit perlmuttfarbigen Tentakeln und violetten Spitzen, kirschrote Seesterne sowie Schwämme in allen Formen und Farben. Die schönste Überraschung erlebte ich vor vielen Jahren in der Maddalena-Bucht in Sardinien. Ich schwamm mit der Tau-

cherbrille zwischen den glatten, rosafarbenen Granitmassen hindurch, die an den weniger tiefen Stellen der Reede aufragen. Wie man weiß, ist Granit sehr hart, und es gibt darin weder Risse noch Höhlungen, welche Fische und andere Meeresbewohner so sehr lieben. So war der Grund eher unbelebt und arm.

Irgendeine Ahnung brachte mich dann dazu, tiefer zu tauchen und die Unterseite eines großen Blocks zu betrachten, der aus dem sich mit der Strömung bewegenden Neptungras ragte. Der Anblick traf mich wie ein Blitz, und noch heute, nach fast vierzig Jahren, bin ich aufgeregt und begeistert. Unter der dunklen, schrägen Kuppel des Granit hatte sich eine unvorstellbare Menge verschiedener Organismen angesiedelt: Schwämme und rote Algen, die das Dunkel lieben, Mòostierchen und verschiedene Poriferen. Manteltiere und Sternkorallen regierten ein herrliches Reich schwefelgelber Stalaktiten, indigoblauer Inkrustationen, gelber und orangefarbener »Blumen«, brauner und purpurner Kissen und rosafarbener Zweige. Das alles erinnerte an einen auf dem Kopfe stehenden, fantastischen Garten.

Bei anderen Gelegenheiten bin ich diesem Wunder an schattigen Klippen begegnet: auf Montecristo, Giglio und in Korsika; immer auf Granit.

Aber auch ein Untergrund aus Kalkgestein steht dem kaum nach: Ich erinnere mich an glatte Felswände, mit Blasentang wie mit Brokat bedeckt, dazu zarte grünliche Schirmalgen, ausgezackte rote und durchscheinend-geleeartige grüne Algen und orangefarbige und gelbe Gorgonien, zwischen denen Schwärme kleiner, neugeborener Barsche von einem wirklich tollen, fosforeszierenden Blau aufgeregt herumirrten . . .

Ich vergesse auch nicht die Lavagründe: die rosa Grotte von Ustica, die ihre unbeschreibliche Farbe mit dem hellblauen, perlmuttfarbigen Wasser mischt, die orangefarbenen Girlanden der Sternkorallen in den Grotten von Linos, die chromgelben Teppiche der Krustenanemonen in den Unterwasserhöhlen des Argentario, die in tiefen Gründen verborgenen Wälder zinnober- und karminroter beziehungsweise gelber Hornkorallen, welche nur Lampe oder Blitzlicht sichtbar machen können.

Dort unten, wo die wärmsten Strahlen (rot und gelb) vom Wasser verschluckt werden und nur die verschiedenen Blautöne bleiben, gehen die Langusten mit ihren sensiblen Antennen spazieren und suchen geduldig ihr Glück im Dunkeln.

Die von den Tauchern in die Tiefe vertriebenen riesigen Wrackbarsche schwimmen majestätisch und streng in ihrem grüngelb gefleckten braunen Kleid. Große Muränen stecken ihren spitzen, furchterweckenden Kopf aus den Spalten, und langsame Meeresspinnen kriechen kurvig über den Sand. Das ist das Reich der Tiefsee, letzter und äußerster Schlupfwinkel der Geschöpfe des Meeres, die auf die Sonne verzichtet und dafür die Ruhe gewonnen haben.

Der Zauber des Meeres ist bei den kleinen Inseln am größten. Damit meine ich relativ große wie Ponza und Capri und ganz winzige wie Vervece vor dem Hafen von Massa Lubrense, die Insel Tino, die Faraglioni vor Capri, die Argentarola . . .

Diese winzigen Landmassen besitzen eine besondere Bedeutung. Jede hat ihre ganz besondere Eigenheit, jede von ihnen repräsentiert einen Mikrokosmos in seinem besonderen Gleichgewicht. Ich denke zum Beispiel an die seltenen Eidechsenarten, die oft nur eine einzige Insel oder ein Felsmassiv bevölkern: die Faraglioni-Eidechse (schwarz mit blauem Bauch), die von der Argentarola (schwarz mit saphirblauen Punkten an den Seiten), solche, die tatsächlich auf vom winterlichen Meer gepeitschten Inselchen oder Felsblökken leben. Und dann die nestbauenden Populationen von Möwen, Seeschwalben, Kormoranen, die fast nur auf Inseln siedeln, die seltenen Pflänzchen an den sturmgepeitschten Felsen, die Nester der Wanderfalken, die Kolonien der Sturmtaucher.

Ich erinnere an die letzten einsamen Eilande Italiens: die Spargi-Inseln (mit aprikosenrosa Stränden), Razzoli und Budelli im Archipel der Maddalena in Sardinien, die Formiche von Grosseto, der Scoglio d'Affrica neben Montecristo, die Palmarola und die St. Stefano Insel (zu den Ponza-Inseln gehörend und vom heute verlassenen bourbonischen Kerker beherrscht), die Capraia (Tremiti-Inseln) und die entfernte und vergessene Pianosa-Insel in der Nähe der jugoslawischen Küste, das Lampione-Inselchen bei den Pelagischen Inseln, die Inseln Mal di Ventre (Bauchweh-Insel), Toro, Vacca und viele andere im sardischen Meer, die Insel Capo Passero im Süden Siziliens . . .

Eine wahre Kette von Inselchen, Felsen, Klippen. Im Winter rennen die Wellen gegen sie an, im Sommer die Boote. Kleinste Posten vor dem Felsland, alte Wächter über Pflanzen und Tierarten, die es manchmal nur noch hier gibt . . . Unter Schutz gestellt sind nicht viele dieser Refugien.

Seite 120
Typische Lavaküste auf der Insel Stromboli.

Fotografie: Anne Conway

Links
Seeteufel.

Fotografie: Stefano Navarrini – Panda Photo

Die Stadt der Möwen

Das vielfarbige Mosaik der Küstenmacchia von Sardinien wird durch die exotische Blüte der Hottentottenfeige ergänzt und bereichert. Dunkle große Wacholderbüsche kontrastieren mit dem Hellgrau der Steinlinden und wilden Oliven und dem Gelbgrün der Baumwolfsmilch. Und überall Möwennester.

Unten

Fotografie: Lorenzo Sestieri – Panda Photo

Zauber der Felslandschaft

★ *Oben*

Kormoran.

Fotografie: Emanuele Coppola – Panda Photo

★ *Rechts*

Sommer an der Sinis-Küste bei Wellengang.

Fotografie: Andrea Barghi – Panda Photo

● *Seite 126–127*

Südküste der Marettimo-Insel.

Fotografie: Anne Conway

Klippen mit Geiern

Die Geier schließen sich in mehr oder weniger zahlreichen Kolonien zusammen und nisten in Felswänden oder auf Klippen über dem Meer. Die kleine Population an der sardischen Westküste verringert sich von Jahr zu Jahr.

Oben

Gänsegeier im Gleitflug über einer Steilküste.

Fotografie: Domenico Ruiu

Rechts

Beim erwachsenen Gänsegeier hat das Gefieder einen warmen rötlichen Ton. Um den Halsansatz trägt er eine weiche weiße Krause.

Fotografie: Angelo Gandolfi

Seite 130–131

Geier streiten sich heftig um die Beute.

Fotografie: Domenico Ruiu

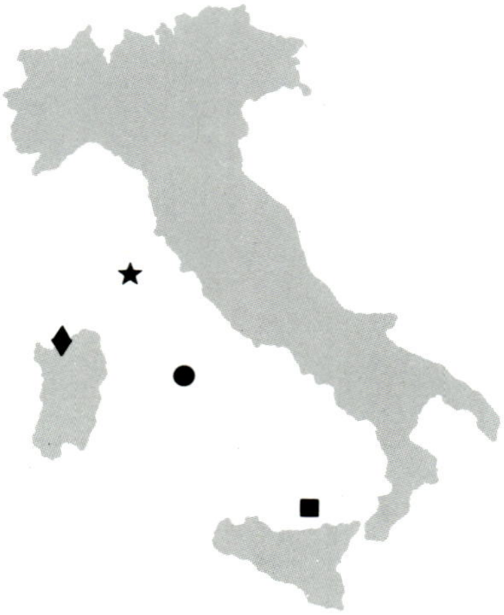

Feuer, Fels, Meer

Die Schönheit der Vulkanfelsen ist unbeschreiblich: Lava, Asche, Basalt gebären eindrucksvolle phantastische Formen und Farben.

● *Oben*

Ponza. Die Spitze von Capo Bianco.

Fotografie: Anne Conway

★ *Rechts*

Capraia: Cala Rossa (Rote Bucht).

Fotografie: Andrea Ghisotti

♦ *Seite 134–135*

Ein Turmfalke bringt seinen Jungen im sicheren Felsennest eine Eidechse.

Fotografien: Pasquale De Meo

■ *Seite 136–137*

Die Insel Stromboli in ihrer Ursprünglichkeit.

Fotografie: Oreste Ragusi – Agenzia Laura Ronchi

Farbpalette auf Felsen

Macchia, Heide und Pinienwald im gefälligen Kontrast zum klaren Meer.

★ *Oben links*

Insel Ponza: Kiesstrand Chiaia di Luna.

Fotografie: Anne Conway

● *Oben rechts*

Kleine Bucht am Gargano.

Fotografie: Marcello Bertinetti

■ *Rechts*

Mediterranes Heideland an der Küste bei Nuoro.

Fotografie: Anne Conway

■ *Seite 140–141*

Im Frühling kann man die Mittelmeer-Macchia in der ganzen Vielfalt ihrer Arten, Farben und Düfte bewundern. Hier die Küste des Sinis.

Fotografie: Paolo Jaccod

Der letzte Fischadler

Kraft, Schnelligkeit und Geschicklichkeit zeichnen den Fischadler aus; einen wunderschönen Raubvogel, der an Italiens Küsten fast ausgerottet ist.

Oben und rechts
Fotografien: Riccardo Nardi – Panda Photo

Graue Silhouetten im Meer

Italiens Natur umfaßt auch die großen Räume des Meeres mit Finn-, Grind- und Pottwalen sowie Delfinen. Freundlich, aber nicht leicht zu entdecken, erfreuen sie uns bei langen Überfahrten mit ihrem plötzlichen Auftauchen und beweisen, auch wenn das offene Meer ganz verlassen scheint, daß es dort Leben gibt.

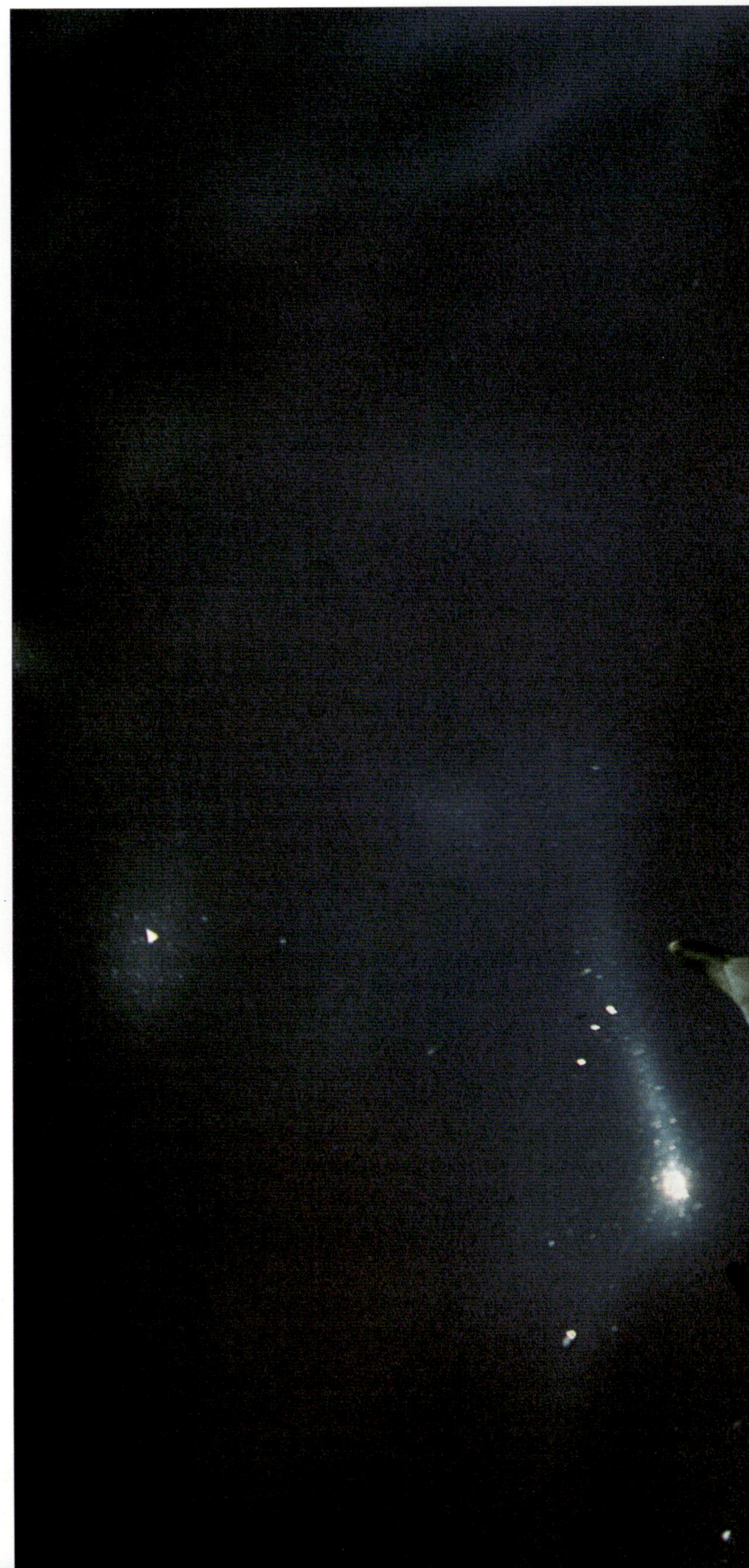

★ *Oben*

Seltener Anblick von Grindwalen.

Fotografie: Franco Bertinetti

★ *Unten*

Der Sprung eines Delphins.

Fotografie: Andrea Ghisotti

★ *Rechts*

Zwei Delphine in ihrer natürlich-eleganten Bewegung beim Sprung über das Wasser.

Fotografie: Marcello Bertinetti

● *Seite 146–147*

Gruppe von Pottwalen im Ligurischen Meer.

Fotografie: Angela White

Im tiefsten Blau

In der blauen Tiefe, wo es relativ wenig Leben gibt, wandern die großen Schwärme der Seefische: die kräftigen, schnellen sowie die weißen oder Alalunga-Thunfische, die Stachelmakrelen und die blauen Schwertfische. Sie folgen der Strömung und den Sardinenschwärmen, von denen sie sich ernähren.

Unten

Dieser Schwarm von großen Stachelmakrelen wurde im Meer von Lampedusa aufgenommen.

Fotografie: Andrea Ghisotti

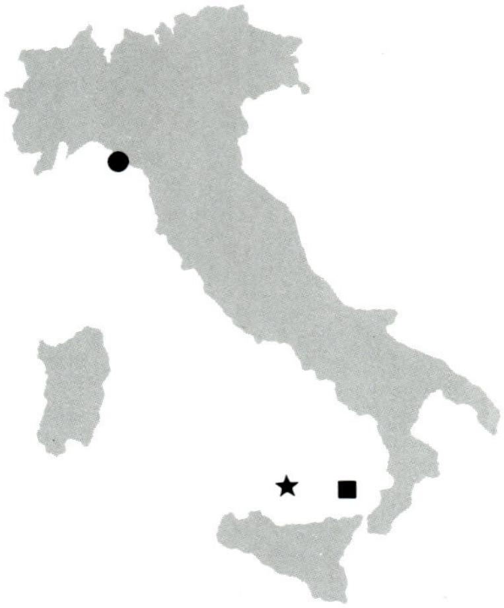

Gärten des Mittelmeeres

■ *Seite 151 oben links*

Die Languste ist einer der typischen Bewohner des Mittelmeers.

Fotografie: Andrea Ghisotti

■ *Seite 151 oben rechts*

Ein Meeraal schaut zwischen den Korallen hervor.

Fotografie: Pierfranco Dilenge

Die Felsküste besitzt auch unter der Wasseroberfläche eine reiche Naturvielfalt. Deren Schönheit lebt von Farben, Formen und Bewegungen.

★ *Oben*

Ein kleiner Drachenkopf ruht sich auf einer Gorgoniakoralle aus.

Fotografie: Andrea Ghisotti

★ *Rechts*

Ein gestreifter Wrackbarsch auf farbigem Untergrund (bei Ustica).

Fotografie: Stefano Navarrini – Panda Photo

● *Seite 152–153*

Ungewöhnliche Aufnahme eines Polypen.

Fotografie: Andrea Ghisotti

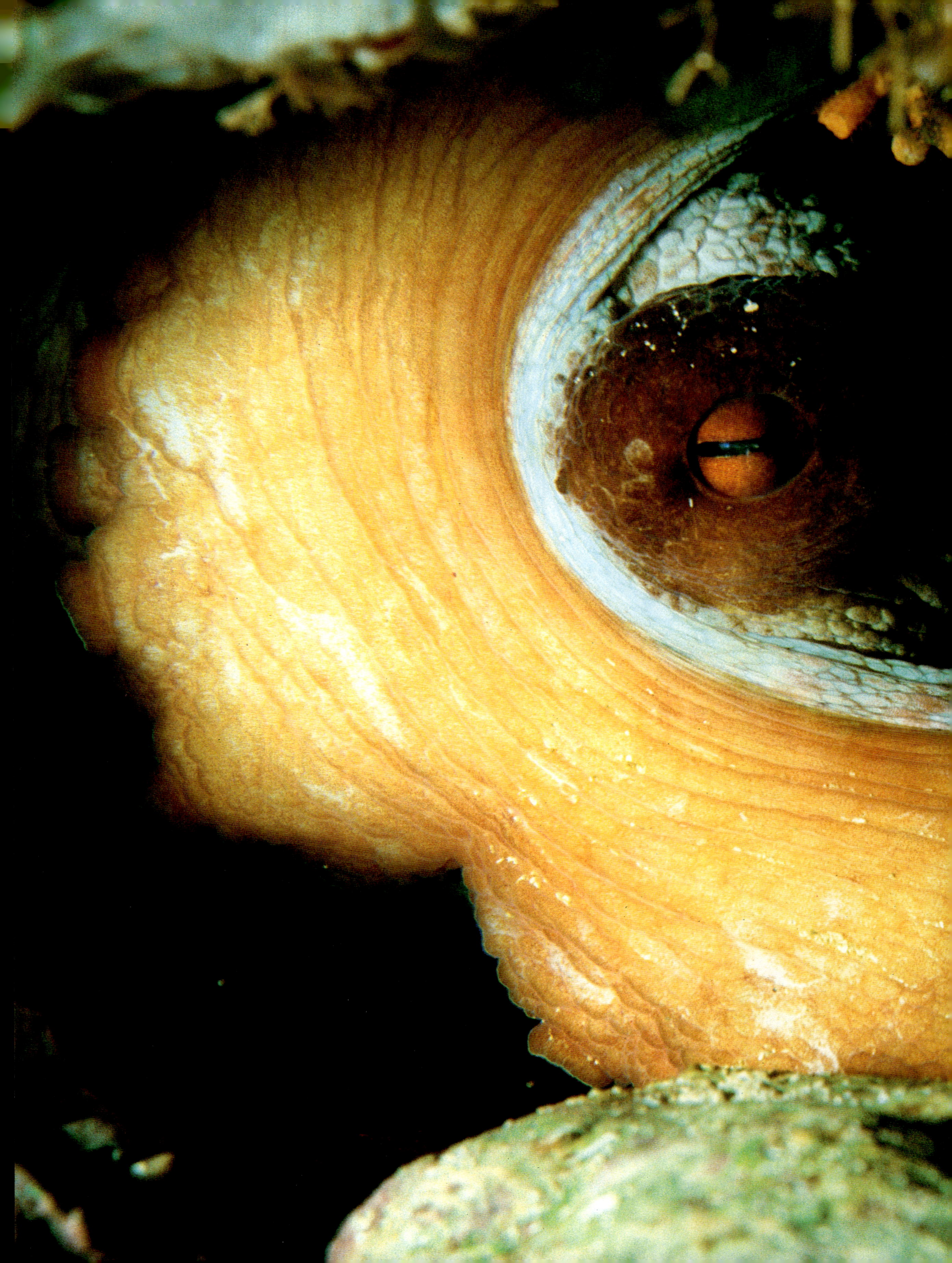

Blumentiere

★ *Oben*

Ein Schwarm silbriger Brassen auf dem Meeresgrund bei Punta Mesco.

Fotografie: Stefano Navarrini – Panda Photo

● *Rechts*

Die unglaubliche Farbenvielfalt der Gorgoniakorallen und der Hornkorallen gibt den mediterranen Meeresgründen einen fast exotischen Reiz.

Fotografie: Andrea Ghisotti

● *Seite 156–157*

Eine Art lebende Blume, die Purpurrose, bewegt ihre Tentakeln in Richtung der Strömung.

Fotografie: Massimo und Lucia Simion

Oben

Ein brauner Sichler.

Fotografie: Claudio Chini

Unten

Silberreiher.

Fotografie: Fabio Cianchi – Panda Photo

Rechts

Salzwassersumpf an der Mündung des Ombrone.

Fotografie: Paolo Lavoretti – Panda Photo

Vom Strand zur Lagune

»Endlich kamen wir zum Ende des Waldes am Südwesthang des Berges, und ich hatte den Eindruck eines Menschen, den man mit verbundenen Augen vor ein wunderbares Schauspiel geführt hat, und dem man plötzlich die Binde abnimmt. Vor mir erschien, leuchtend zu meinen Füßen, die Küstenebene, die Pontinischen Sümpfe, durchsetzt von verschiedenen merkwürdigen Farben, in der Entfernung das Meer, von der Sonne vergoldet...«

F. GREGOROVIUS, Spaziergänge in Italien

»Der Zauber, den das Meer zugegebenermaßen hat«, schreibt Levi-Strauss, »wird uns immer mehr genommen. Einem alt gewordenen Tier vergleichbar, dessen Panzer immer dicker wird und das um den Körper eine undurchdringliche Kruste bildet, die der Haut nicht mehr erlaubt zu atmen und so den Prozeß der Alterung verstärkt, wird in den meisten europäischen Ländern die Küste mit Villen, Hotels und Casinos zugebaut. Statt – wie früher – die Einsamkeit des Ozeans vorwegzunehmen, ist das Meeresufer eine Art Tummelplatz geworden, wo die Menschen periodisch all ihre Kräfte konzentrieren, um sich auf eine Freiheit zu stürzen, für deren Eroberung der Preis zu hoch ist. Die Strände, auf denen uns das Meer die Früchte eines jahrtausendelangen Seins präsentierte, erstaunliche Galerien mit der Avantgarde Natur, sind unter den Fußtritten der Massen zu einem Platz verkommen, wo nur Abfall abgelegt und ausgestellt wird ...«

Das Bild, das sich die meisten Menschen vom Meer machen, sieht so aus: Strand und Sonnenschirme, Tretboote und Liegestühle, Badeanzüge und betonierte Sitzplätze, Handtücher und Umkleidekabinen. Und möglichst noch Palmen an der Strandpromenade. Ein hochglänzendes, buntes Postkartenbild: »Grüße aus Cattolica«. Eine perfekte Badefabrik.

Das ist das Meer vieler Menschen. – Die nie auf die Idee kämen, es könnte auch anders aussehen. So, wie es vorher war, bevor Badende und Hotels jene Küsten füllten, die bis dahin den Fischern und im Frühjahr auch noch den Wachteljägern gehörten. Die feine Schicht von winzigen Steinpartikeln, die wir Sandstrand nennen und die zur Bühne für den lärmenden Massenritus der Badenden wurde, war ursprünglich (auch wenn man inzwischen viel Fantasie und guten Willen braucht, um es sich vorzustellen) natürlicher Lebensraum –

mit bestimmten Zyklen, eigener Dynamik und eigenen Mechanismen. Doch der Mensch hat fast alles zerstört.

Auch von der Sandküste gibt es ein idealtypisches Bild. Stellen wir uns ein Stück Strand vor, wo wie durch Zauberei der Mensch und sein Werk völlig verschwinden, und das in dem Zustand ist, wie die Seefahrer des Paläolithikums, die vor Zehntausenden von Jahren hier landeten, es gesehen haben.

Laßt uns über den Strand spazieren und aufmerksam beobachten, wie er sich je nach Wassertiefe, Bodenbeschaffenheit, Windstärke und Salzgehalt des Wassers verändert. Für die Naturkenner ist die Sandküste eine geordnete Folge, eine Harmonie, die zwischen Wind und Sand, Erde und Wasser, Salz und Klima ein Gleichgewicht gefunden hat, und wo es vielfältiges Leben in Fell und Federn, Schuppen und Panzer gibt. Es korrespondiert mit jener grünen Umgebung, die man nur noch an wenigen Orten findet: Lebende Noten, könnte man sagen. In einem Lineament, das der Rhythmus des Meeres bestimmt. Besagte Symphonie der Sandküste beginnt im Meer, in einem Abstand von etwa 40 Metern zum Strand.

Hier, wo der Sand das Kommen und Gehen der Wellen als Muster aufzeichnet, wogt und wellt der grüne Schopf der Posidonia, des Neptungrases. Diese Wiesen, die Poseidons oder Neptuns Namen tragen und sich in ihrem Aussehen auf den Bart der Gottheit beziehen, bedecken große Unterwasserflächen. Allerdings (und ungeachtet ihrer wissenschaftlichen Benennung, die ihnen ozeanische Verbreitung bescheinigt) nur im Mittelmeer. In ihrem Halbschatten finden viele Tiere gastliche Aufnahme. So Schwärme von messing- und stahlgestreiften Salpen, die plötzlich Funken werfen, wenn die Sonnenstrahlen sie dort unten treffen. Auch die Seepferdchen und Nadelfische genießen es, sich zwischen den sandförmigen, glänzenden Blättern wiegen zu lassen, und die Lippfische, deren gelbgrüne Färbung sie wunderbar verbirgt, schwimmen langsam zwischen den haarigen, aus dem hellen Strand aufwachsenden Rizomen hindurch. Kennen Sie die Edle Steckmuschel in der Form eines länglichen Tabletts, die, schrecklich bemalt oder zumindest lackiert, zusammen mit mumifizierten Seesternen den gewöhnlichsten und häßlichsten »Schmuck« aller typischen Fischrestaurants am Meer bilden? Trotz aller Plünderungen haben sich einige von ihnen, rundlich und rauh, noch in den kleinen Lichtungen zwischen dem schützenden Neptungras erhalten. Auch die violetten, stachligen Seeigel verstecken sich hier, während die glasigen, großen Zylinderrosen ihre bläulichen Schöpfe auf dem Schlammgrund treiben lassen, der sich an die »Wiesen« anschließt.

Näher zum Ufer hin zeigt das Grün Lücken: Die Kraft der Wellen und ihre Wirbel verhindern bei Niedrigwasser die Ansiedlung dieser edlen Pflanzen. So können sie nur ihre kümmerlichen Reste an den glitzernden Strand schicken: abgerissene bräunlichgraue Blätter, stachlige braune Rizome und jene lustigen Kugeln, die von den Wellen aus den Rizomen geformt werden. Um diese haarigen Bällchen haben die Vorfahren der Küstenbewohner eine eigenartige Legende gesponnen. Danach ernährten sich die Thunfische von den alle paar Jahre reifenden olivenartigen Früchten der Posidonien und würden dadurch fett und glänzend wie gemästete Schweine. Nach dem Verdauen schieden sie, Pferd oder Esel gleich, die merkwürdigen Kugeln aus, die manchmal in Massen an den Stränden liegen und die, wie wir wissen, eine wesentlich prosaischere Herkunft haben.

Links

Weiß und elegant – der Silberreiher; ein typischer Vogel der Sumpfgebiete.

Fotografie: Paolo Fioratti

Wie erwähnt, gedeiht die Posidonia in unmittelbarer Ufernähe nicht mehr. Das auf den hellen Meeresgrund fallende Licht wird durch die Wellen gebrochen und reflektiert und wetteifert mit jenen Lineamenten, die die Strömung dicht an dicht auf den sandigen Boden gezeichnet hat. Dieser Streifen ist scheinbar ohne Leben. Mit Hilfe der Taucherbrille wollen wir versuchen, diesen Eindruck zu widerlegen.

Da schwimmt schon ein Schwarm kleiner, durchscheinender Marmorbrassen (mit vertikalen braunen Streifen am Rükken) heran, und dort drüben gräbt sich schnell eine Seezunge, die ohne Deckung von uns überrascht wurde, in den sandigen Grund. Wir sehen auch einen Tintenfisch; dicht über den Boden gleitend und die Tentaklen und den bläulichen Körper wellenförmig bewegend. Die winzigen Spuren im Sand stammen von Steinkrabben, die ihr bizarres Schalenhaus spazieren tragen.

Eine große, gelatineartige Qualle in Perlmuttfärbung und mit Volants aus violettem Glas hat beschlossen, ihre Tage am Strand zu beenden, und die Wellen treiben sie schon auf die schaumige Brandung zu. Die winzigen Löcher, die man auf dem Grund sieht, sind die Luftröhren vieler kleiner zweischaliger Mollusken: Platt-, Mies- und Herzmuscheln, die sich still und schüchtern nahe der Oberfläche verbergen.

Auch der dunkle Rochen und der senffarbene Marmelzitterrochen lieben den Sandgrund, wo sie sich leichter eingraben können, während die spindelförmigen und silbrigen Meeräschen gleich gruppenweise dem glatten, fetten Weibchen den Hof machen. »... Ihr werdet die feuchte Schar der Meeräschen sehen«, singt Oppian, »die sich voller Leidenschaft aneinanderdrängen ...«

Inzwischen ist das Ufer schon ganz nahe.

Die Welle will sich gerade brechen. »Ihr breiter Rücken glänzt / wie Kristall; der leichte Kamm / kräuselt sich / wie die schneeweiße Mähne des Rosses / der Wind bricht sie / die Welle überstürzt sich / stürzt ins Leere der geräuschvollen Furche / weißer Schaum wirbelt und brodelt«, schreibt der fantasiereiche Dichter. An diesem glänzenden Saum des Wassers, den die Gischt mit leuchtenden Kringeln schmückt, leben besonders viele Arten. Vor allem Möwen, die sich überall versammeln, wo das Meer irgendetwas Eßbares ausgespuckt hat. Aber auch andere Tiere, denen die Gewalt der Brecher keine Angst einjagt, finden sich hier: Leichte braune Krabben und kleine Vögel, die auf dünnen Beinen nach Wasserflöhen jagen – Seeregenpfeifer, Zwergstrandläufer, Sichelstrandläufer und schwarzweiße Seeschnepfen. Mit ihren feuerroten scharfen Schnäbeln können die sogar Muscheln öffnen.

Die gradlinige Spur zwischen Wasserschaum und Sand stammt von einem Fuchs, der im Morgengrauen den Strand nach Abfällen und Aas abgesucht hat. Die Grenze des Wellengangs ist gleich zweimal markiert: durch die Abwesenheit von Vegetation und die Anwesenheit von Abfällen. Auf dem Strand meiner Träume sind die Abfälle nur die »Früchte einer jahrtausendealten Bewegung«, wie Levi-Strauss schreibt – Muschelschalen und Rückenschilder von Tintenfischen, Thunfisch-Rückgrate und Posidonien, Algen und Möwenfedern, Baumstämme und Bimssteine.

Natürlich (nein, unnatürlicherweise!) ist die Situation heutzutage anders: Anstelle all dieser Dinge findet man am Strand Flaschen und Dosen, rostige Kanister und vor allem die schreckliche, unsaubere plastene Hinterlassenschaft.

Ein Elend.

Aber gehen wir weiter. Der Sand, vom Wind geglättet, steigt jetzt zur Düne an. An diesem Teil der Küste, der, trocken und besonnt, vom Wind gepeitscht und mit Wasser übersprüht wird, beginnt der grüne Untergrund. Ein besonderes Grün, fast immer mehlig oder gräulich, dem leuchtendfrischen Rasen weiter landwärts nicht sehr ähnlich. Auch die Flora hat Schwierigkeiten, sich gegen den Wind, die Sonne, den heißen schmirgelnden Sand, das Salz, den Menschen zu wehren. So zeigen sich die graugrünen Büschel der Meeresquecke mit borstigen Blättern; die Seelevkoje erhebt über weißlichen, gewundenen Zweigen rosaviolette Blütendolden; das weiße Zypressenkraut hüllt sich in ein strahlend weißes, samtiges Gewand; die Seedistel stellt ihren Gegnern herzförmige spitze Blätter im schönsten Blaugrün entgegen; die stachlige Pastinake zieht sich in ihre fleischigen, spitzen Blätter zurück, und die Paralias-Wolfsmilch drückt ihr kleines, regelmäßiges Blattwerk eng an den zylindrischen Stamm. Einziger hübscher Anblick ist die Sandsoldanelle, mit grünen, glänzenden, münzenförmigen Blättern und einer auffälligen, rosa trompetenförmigen Blüte. Wo der Sand leer ist und sich der Liebkosung des Windes stellt, finden sich winzige Spuren vieler Insekten: von geduldigen, schwarzen Mistkäfern und glänzenden Sandläufern!

Allmählich beginnt die Düne ihren Rücken zu krümmen.

Diese flachen Sandanhäufungen sind überall dort vorhanden, wo die Bagger des Fortschritts noch nicht gewütet haben. In der Toskana heißen sie tomboli, in Latium tumoleti. Sie bilden ein sicheres Bollwerk zum Schutze des dahinterliegenden Geländes.

In Jahrtausenden von Wind und Wellen körnchenweise aufgeschüttet, sind sie heute vielerorts von befestigten Strandstraßen oder Bauten verschluckt worden. Die Düne ist auch nicht gleichmäßig in ihrer Wölbung. Auf der Meerseite ist der Sand gewöhnlich lockerer geschichtet und verhindert so die Ansiedlung von größeren Pflanzen. Hier herrschen der Strandhafer (eine Grasart auf dünnen festen Stielen), die Seekamille mit tiefgelben Herzen inmitten prächtiger weißer Blüten, das überall vorkommende Seelabkraut. Hier ist auch das gelobte Zauberreich der schönsten Pflanze der mittelmeerischen Sandgebiete. Die meiste Zeit des Jahres stellt die Sandlilie nichts dar: ein welkes Knäuel von trockenen, graublauen Blättern, die nichts Gutes versprechen. Aber warten Sie auf den Juli oder August: Während die von den Menschen bevölkerten Strände nach Sonnenöl und Schweiß riechen, blüht in der Düne die Lilie in herrlichem, transparentem Weiß. Aber das genügt ihr noch nicht. So verströmt sie aus Blütenblättern und Kelch einen süßen betörenden Duft, der in der Glut des Sommers eine willkommene Erfrischung bietet.

Der Sand wird fester jetzt. Lange dunkle Wurzelschnüre gliedern der Hang. Die starke mediterrane Macchia fordert ihr Recht – und das Wüten des Schirokkos, des Mistrals, des Libeccios und der Nordostwinde heraus, die mit heftigem Eifer die zarten Triebe des Ginsters, des Mastix', des Erdbeerbaumes und der Myrten abhobeln und austrocknen, sobald diese versuchen, über eine zwischen Ufer und Himmel verlaufende imaginäre Linie hinauszuwachsen. Sand, Salz und Wind halten die Wipfel auf gleicher Höhe und zwingen die Bäume, deren Spitzen sich zum Strand hin neigen, auch sonst zu ihrem Willen. Hinter diesem elastischen und widerstandsfähigen Bollwerk recken dunkle, gedrehte Stämme ihre duftenden, smaragdgrünen Zweige dem Küstenhimmel entgegen. Die Macchia trägt hier ein anderes Gesicht. In ihrem Schatten unterhöhlen Wildkaninchen die Düne. Stachelschweine suchen nach Wurzeln, und Dachse, schwarzweiße Schatten der Dämmerung, nach den Knollen der auf den sandigen Lichtungen blühenden Romulea-Iris. Schildkröten zeichnen geduldig ihre feuchten Spuren in den Sand, Schlangen schlafen zusammengerollt in der Sonne, vorsichtige Rehe und Damhirsche mit breitem Geweih äsen auf den feuchten Lichtungen. In der Korkeiche nistet der See-Eichelhäher, ein wahres Schmuckstück in Saphirblau und Türkis. Ein Jahr darauf zieht der schöne rötliche Wiedehopf in demselben Nest seine Jungen groß. Das Gelände zwischen den Dünen hebt sich ein zweites Mal; auch hier herrscht die Macchia. Da die Entfernung zum Meer größer geworden ist, finden wir jetzt höheren Bewuchs: Steineichen, Korkeichen, Pinien, Erdbeerbäume, Steinlinden. Die Kronen leiden immer noch unter dem Zugriff des Windes; sie ähneln Fahnen oder Bannern. Die breiteste Stelle liegt unterhalb der Windlinie. Hier finden sich schon vereinzelte Exemplare der im Landesinnern wachsenden Bäume: Blumeneschen, dreilappiger Ahorn, kleine Eichen.

Nach dieser höchsten Erhebung wird das Erdreich, das immer noch Sand enthält, dunkler, feuchter und humusreicher. Hinter der Düne steht, wie Wachposten um das brackige Wasser, ein Gürtel gelblichen Schilfrohrs. Dünn und kümmerlich freilich, weil hier immer noch Salzwasser ist, dem sich das Schilf nur schlecht anpassen kann. Die aus den Tümpeln ragenden Binsenbüschel hingegen und auch der blaugrüne und blutrote Teppich der Salicornia (kleine Salzpflanzen mit dicken »Fingerchen« und kriechendem Wuchs, die selbst wochenlangen Seewasserüberflutungen widerstehen) vertragen das Salz eher. An diesem einzigartigen und sich ständig veränderndem Ort, dem Vorspiel zur großen Küstenlagune (als folgerichtiger und wunderschöner Ergänzung der Flachküste), leben unzugängliche, scheue Vögel. So stammt der Schrei eines zornigen Schweinchens im Schilf ganz sicher von der Waserralle, einem Vogel mit langem, rotem Schnabel und bleigrauem und tabakbraunem Gefieder. Und auch seine Vettern, das kleine Sumpfhuhn und das Tüpfelsumpfhuhn, leben als Einzelgänger zwischen den Binsen.

Jetzt aber öffnet sich der Blick. Der bleigraue Spiegel der Lagune erstreckt sich, so weit das Auge reicht. Der eigentümliche Geruch von trockenem Schlamm, faulenden Algen und stehendem Wasser wird stärker. Man weiß nicht recht, wo das Wasser endet und wo Schlick und Muschelschalen das Ufer ankündigen. Das Wasser ist ein riesiger glänzender Spiegel. Ein unendlicher Lande- und Rastplatz für die verschiedensten Zugvögel.

Der Wald ist schön und lebendig, sicher; aber man sieht vergleichsweise wenig Tiere. Stolz und unberührt das Gebirge; aber auch dort, von wenigen Orten abgesehen, das gleiche Bild.

Die Felsküste kann den Naturfreund, der davon weiß und mit einem Fernglas ausgerüstet ist, mit einem brütenden Kormoran oder einem herabstoßenden Wanderfalken überraschen. Grundsätzlich bietet sie jedoch wenig Freuden dieser Art.

Die Lagune, der Salzwasserteich, ist anders. Obwohl ihr der Herr weder unzugängliche Höhen noch intensives Blühen und Duften und auch nicht das Schauspiel von Stärke und Bewegung zugestanden hat, besitzt sie den Vorzug, daß sie immer, zu jeder Jahreszeit, von Vögeln bevölkert ist.

Diese gibt es auch auf den Inseln. Man kann so viele Möwen sehen, wie man will, wenn man eine ihrer Kolonien aufsucht. Aber es sind immer dieselben Tiere.

Oben

Merkwürdige Perspektive. Ein aufgeschreckter Purpurreiher.

Fotografie: Claudio Chini

Seite 162

Eine brütende rosa Möwe wird von einer Seeschwalbe angegriffen.

Fotografie: Giuliano Cappelli – Panda Photo

In der Lagune ist das ganz anders. Wo die Jagd verboten ist, präsentiert sich die Vogelwelt mit Federn und Daunen. Jede Jahreszeit hat andere sehenswerte Darsteller.

Die kleinen Vögel, die wie ein silberbraun gemusterter Schal in geometrischer Formation über dem rissigen, feuchten Schlick streichen, sind Sichelstrandläufer und in der arktischen Tundra geboren. Auf ihrem Flug in das tropische Afrika machen sie in der Lagune Halt, um sich auszuruhen.

Nahe einem mit Salicornia bedeckten Inselchen stehen drei graue unbewegliche Silhouetten auf gelblichen, knochigen Stelzen: Graureiher, die gleich auffliegen werden. Kleinere weiße Seidenreiher schreiten aufmerksam durch das klare Wasser und suchen nach Wasserinsekten und Jungfischen. Aber die Choreographie der offenen Lagune ist hier noch nicht zu Ende: Das rosa Band, das dort draußen in der heißen Mittagssonne zittert, entpuppt sich im Fernglas als Schwarm großer Flamingos.

Deren Schlangenhälse biegen, beugen und verrenken sich über dem Körper mit den großen, feuerroten Flügeln. Die Beine, rosa und dünn, tanzen im Wasser. Der Flamenco, der andalusische Tanz, geht auf die steife und doch sinnliche Bewegung der Flamingos beim Liebesspiel zurück. Der Flug dieser faszinierenden Vögel verwandelt die heiter-gelassene Mittelmeerlandschaft in eine hektische, betörende Tropenwelt.

Auf in einer Reihe aus dem Wasser ragenden salzzerfressenen Pfählen hocken, als schwarze Kontrapunkte, große schwere Kormorane. Um sich nach dem Bad die Federn zu trocknen, spreizen sie ihre breiten schwarzgrün schimmernden Flügel auseinander. Viel kleiner und leichter hingegen sind die Seeschwalben, die sich nach dem Wind ausrichten wie die Kirchturmhähne. Sie haben einen roten Schnabel und einen tintenschwarzen Schopf; es gibt aber auch schwarzfüßige hier und die sogenannten Brandseeschwalben mit strohgelber Schnabelspitze. Sie alle warten die Zeit für den nachmittäglichen Fischfang ab. Aber da sind noch viel mehr Vögel. Dort, wo sich das Wasser vor lauter Algen kräuselt, schwimmen und tummeln sich Hunderte oder Tausende von ihnen. Mit dem Fernglas kommen wir ihnen ziemlich nahe, ohne sie zu erschrecken.

Da gibt es wirklich alle Arten von Enten: aufgeblasene, eitle mit grüngoldenem Kopf und Hals und gebogenem Schwanz; vergnügte, lärmende Pfeifenten, grau- und rostfarbene Tafelenten, schwarzweiße Reiherenten und, in Ufernähe, die kleinen, bunten Krickenten.

Daneben, im stolzen grün-weiß-roten Federkleid, die Brandenten. Diese großen Wildvögel mit feuerrotem Schnabel haben die merkwürdige und für sie gefährliche Eigenart, in Dünenhöhlen zu nisten. Meistens in Kaninchen-, gelegentlich aber auch in Fuchsbauen. Der Grund für dieses eigenartige Verhalten liegt in ihrer grellen Färbung. Während die anderen Weibchen ein unauffälliges, bräunliches Kleid tragen, würden die der Brandenten zu sehr die Aufmerksamheit der Räuber auf sich lenken.

Dort unten paddelt heftig ein Schwarm von dunklen Vögeln mit weißem Schnabel und erhebt sich dann in die Luft: Bleßhühner, kräftige Flieger im Sumpfgebiet, die durch das Auftauchen eines großen Vogels erschreckt worden sind. Doch der, ein Fischadler und typisch für die Lagunenlandschaft, holt sich seine Beute ausschließlich aus dem Wasser.

Etwas entfernt, in einer Bucht, entdecken wir einige elegante und graziöse Wattvögel, die den Schlick mögen und deren Name wohl keiner Erklärung bedarf.

Die rohe und amorphe Materie, in der sie mit ihren zarten Füßen stehen, kann die raffinierte Schönheit dieser Stelzvögel nicht beeinträchtigen. Der uns am nächsten ist, hat Flügel und Rücken in grünschillerndem Schwarz und unproportioniert lange korallenrote Beine.

Sein Nachbar, schwarz und weiß, mit einem dünnen nach oben gebogenen Schnabel und kobaltblauen Beinen, ist ein wahrer Edelmann dieses flachen und schlammigen Lebensbereichs: ein Säbelschnäbler. Wohin man auch das Auge wendet – die blaugraue Glätte der Lagune wimmelt von Leben. Nur Vögel, das ist wahr; aber welcher Reichtum an Arten, Formen, Farben, Rufen! Im etwas tieferen Wasser zeichnet sich unter der Oberfläche gelegentlich die Bewegung eines großen Fisches ab, und weiter draußen springt eine Äsche. Für die Lebensvielfalt der Lagunen und Flußdeltas in allen Teilen der Welt gibt es verschiedene Ursachen. Entscheidend ist, daß sie mit dem Meer und dem Atem der Gezeiten in Verbindung stehen, daß eine kontinuierliche Sauerstoffzufuhr stattfindet und daß Schadstoffe schnell abtransportiert werden. Die geringe Wassertiefe erlaubt die volle Ausnutzung der Sonnenenergie. Dadurch kann ein dichter Algen- und Pflanzenteppich entstehen. Das aus dem Landesinneren zufließende Süßwasser garantiert überreichen Dünger. Die sich mit der jeweiligen Wassertiefe, dem Salzgehalt, dem Nährstoffangebot, der Wassertemperatur verändernden Lebensbedingungen garantieren eine Vielfalt an Pflanzen und Vögeln. Außerdem liegen die Lagunen auf den Fluglinien vieler Zug- und Wasservögel. Von den 476 europäischen Vogelarten sind 188 eng mit dem Bereich der Sümpfe und Lagunen verbunden. Diese flachen und sonnigen Anhängsel des Meeres, diese Juwelen, die wie Wasserketten die Sandküste schmücken (falls nicht unüberlegte Trockenlegung sie hat verschwinden lassen), stellen die tier- und pflanzenreichsten Bereiche unseres Planeten dar. Da sowohl die allgemeine Vorstellung Feuchtzone = Malaria wie auch der fatale Drang nach »Kultivierung« der letzten naturhaften Regionen zunehmend in Kritik geraten, sind auch die Aussichten für die Lagunen etwas besser geworden.

Für alle, die die Natur lieben, sind Sümpfe und Lagunen etwas unsagbar Schönes und Faszinierendes: die großen, im Wind raschelnden Schilfflächen, die hellblauen Salicornia-Teppiche, die sich rot färben, wenn der Nordwind die Küste fegt, der geordnete Flug der Kormorane am Abend und der langsame der weißen Reiher im Morgengrauen, die roten und wolkigen Sonnenuntergänge, die Morgenröte, die goldene Pfeile über das funkelnde Wasser schießt – all dies sind Aspekte des unvergleichlichen Zaubers der Salzwasserlagunen.

Aber wo findet man solche einsamen Ufer- und Wasserflächen? Italien hatte, als Land der Bauern und Landwirte, kein gutes Verhältnis zu den Feuchtzonen, die sich dem Pflug entzogen. Gabriele D'Annunzio, gewissenhafter Interpret seiner Zeit, begann ein Gedicht über die Pontinischen Sümpfe so: »Faul, schlammig, stinkend / von dichtem Unkraut gesäumt / der weite Sumpf grinst / der Sonne ins Gesicht ...«

Daß unter diesen Voraussetzungen von den sumpfigen Küstenstreifen fast nichts übriggeblieben ist, wundert keinen. Verschwunden die »Giftküche« der Pontinischen Sümpfe, trockengelegt der größere Teil des Comacchio-Tals, der Lagunen und Teiche in Apulien, des Podeltas, der Maremma – und trotzdem blieben wunderschöne Gebiete erhalten.

Ich denke mit Trauer an die herrliche Lagune von Venedig, die größte Konzentration von stehendem Salzwasser in Italien, die durch die absurde Industrieansiedlung vergiftet und krank ist. Ich erinnere mich sehnsüchtig an die verlassenen Inseln, die sich in der milchigen Landschaft verloren, an die Fahrrinnen, die sich durch den Salicornia-Teppich schlängelten, an die schwarzweißen, »Bricole« genannten, Pfähle, die in den Grund gerammt wurden, um die Schiffahrt zu erleichtern, und an den Flug der Enten... Und ich denke an die große, wunderschöne Lagune von Grado-Marano, mit ihren goldenen Schilfzonen, den Vögeln des hohen Nordens, die hier überwintern, an die dampfenden nebligen Ränder des Sumpfes bei winterlichem Niedrigwasser und an die letzten Refugien des Podeltas – von Dämmen, Pappeln und duftigen

Tamarisken umschlossen und mit verfallenen Häusern und schlammigen Wegen zwischen den von Bleßhühnern wimmelnden Wasserflächen.

Auch denke ich an die Lagunen der toskanischen Maremma; eingefaßt durch eine Kulturlandschaft, der sie das göttliche Durcheinander der Macchia entgegensetzen – mit Pinien und Korkeichen, undurchdringlichen Dünenrändern, Inselchen von Salicornia, auf denen der »Cavaliere d'Italia«, der Stelzenläufer, nistet, und schwarzen, stachligen Binsengebieten, wo Pferde weiden und silbrige Maremmarinder mit furchterregenden Hörnern.

Schließlich die Teiche (in Wirklichkeit Lagunen) Sardiniens; rot von tausenden Flamingos und mit dichten braunen Sumpfbinsen bedeckt, aus denen das Purpurhuhn sein Nest baut. Durch die vielen rosa Möwen wirkt der Schlick wie gesprenkelt.

Lagunen, Sümpfe, Deltas, Morast, Binnenseen, Flußmündungen – diese kostbaren, seltenen Biotope werden oft nur durch dichtes Schilf und Tamarisken angekündigt. Dahinter, auf Sandhügeln und Dünen, nisten die bunten Bienenfresser, hört man nächtens die Triele klagen. Hie und da glänzt eine Muschel im schwarzen Schlick, wachsen die zartvioletten Blüten der Staticen aus dem sonnenrissigen Schlamm. Und über allem hängt der dumpfe, schwere Geruch des Sumpfes.

So viele Aufregungen, Anregungen, Erlebnisse. Es gibt für mich keinen anziehenderen und herrlicheren Ort. Mittelding zwischen Meer und Land, Süß- und Salzwasser; mit Vögeln und Fischen, Schilfrohr und Pappeln, Sonne und Wolken – die Lagune.

Lagune und Strand, Düne und Flachwasserzone – das sind die Sätze der Symphonie, die an der Sandküste erklingt, und die man mit allen Mitteln verteidigen muß. Allein schon deswegen, weil es davon nur noch wenige Überreste gibt. Alles andere ist zwischen Städten, Industrien und touristischen Infrastrukturen, die sich an der flachen Küste besonders konzentrieren, untergegangen.

Links

Naturpark San Rossore. Überschwemmung.

Fotografie: Marco Capovilla

Oben

Flamingos im Fluge.

Fotografie: Angelo Gandolfi

In der Maremma

Im Nationalpark treffen sich alle Elemente der tyrrenischen Küste: Fels und Strand, Macchia und Pinienwald, Flußmündung und salzige Binnengewässer.

Seite 166–167
Zwei typische Bilder der Küste im Naturpark Maremma.

Fotografien: Vincenzo Martegani

Seite 168–169
Panoramaaufnahme des Naturparks Uccellina.

Fotografie: Vincenzo Martegani

Seite 170–171
Wald mit Aleppopinien.

Fotografie: Marcello Bertinetti

Geflügelte Jäger

Der an den italienischen Küsten selten gewordene Fischadler nistet noch in Sardinien und im benachbarten Korsika.

Oben

Meistens bleiben die Fischadlerpaare von Jahr zu Jahr ihrem Nest treu und achten auf dessen guten Zustand.

Fotografie: K. W. Fink – Panda Photo / Ardea

Rechts

Der Fischadler besitzt tödliche Krallen; er fischt im Flug – mit großem Erfolg.

Fotografie: W. Möller – Panda Photo / Ardea

Gefiederte Regenbogen

An den großen Sandstränden und an den Dämmen der Küsten und Flußufer nisten die vielfarbigen Bienenfresser; wunderschöne Vögel, die im Frühjahr aus Afrika kommen.

Oben

Die Werbung ist ein langwieriger und komplexer Vorgang, das Geschenk einer Wespe einer der wichtigsten Augenblicke.

Rechts

Die Partnerwahl erfolgt bei den Bienenfressern schon im Winter oder während des Zuges nach Norden, die eigentliche Vereinigung erst im Laufe des Frühlings.

Fotografien: Ludovico Oldani

Flamingos
mit Flammenflügeln

Nur wenige wissen, daß es ziemlich viele Flamingos in unserem Land gibt. Die größten Kolonien sind in Sardinien, aber auch die WWF-Oase in Orbetello beherbergt im Winter Hunderte von ihnen.

Unten

Flamingos im Sumpfgebiet von Molentargius in Sardinien.

Fotografie: Angelo Gandolfi

Im Sumpf

Wo sich das Salzwasser mit dem aus dem Landesinneren kommenden Süßwasser vermischt, wird die Vegetation dichter. Die ersten Schilfgebiete tauchen auf – Nistplatz für viele Vogelarten sowie ideales Refugium für den seltenen Fischotter.

★ *Oben*

Ein Fischreiherpärchen.

Fotografie: Giuliano Cappelli – Panda Photo

● *Rechts*

Wildenten gehen eine starke Partnerbindung ein und kümmern sich beide um die Aufzucht und den Schutz der Jungen.

Fotografie: Henry Ausloos – Panda Photo

★ *Links*
Die großen Tauchervögel bauen ihr Nest im Schilf und kümmern sich ohne Unterschied als Paar um die Nachkommenschaft.

Fotografie: Edouard Perez – Panda Photo

● *Seite 180–181*
Der elegante Graureiher überwacht ein Wassergebiet.

Fotografie: Francesco Veronesi – Agenzia Laura Ronchi

★ *Seite 182–183*
Fischotter auf der Jagd.

Fotografie: Henry Ausloos – Panda Photo

Eine Königin des Schilfs

Seite 184 und 185

Das Purpurhuhn ist kein geschickter Flieger, es bewegt sich eher tolpatschig. Um im Schilf voranzukommen, macht es weite Sprünge und stützt sich dabei auf seine ungewöhnlich langen Krallen.

Fotografien: Claudio Chini

In der Lagune

In vielen italienischen Lagunen nistet regelmäßig der schöne »Cavaliere d'Italia«, der Stelzenläufer. Die Lagune von Orbetello wurde vom WWF speziell für die Fortpflanzung dieser Vögel eingerichtet.

Rechts
Stelzenläufer in seinem Nest.
Fotografie: Silvia Mercoli – Overseas

Oben links
Balztanz zweier Stelzenläufer.
Fotografie: Giulio Cagnucci – Panda Photo

Oben rechts
Paarung.
Fotografie: Massimo Lanini – Panda Photo

Seite 188–189
Ein Frosch versucht verzweifelt, einem Fischreiher zu entkommen.
Fotografie: Gianpiero Indelli

Seite 190–191
Junger Purpurreiher erbeutet eine Wühlmaus.
Fotografie: Manfred Danegger – Agenzia Masi

Eine Welt in Senkrechten

Zwischen Schilf und Binsen, die umso dichter wachsen, je mehr der Salzgehalt des Wassers zurückgeht, haben sich scheue Tierarten und Einzelgänger zurückgezogen.

Oben
Wildschwein im Naturpark San Rossore.

Fotografie: Angelo Gandolfi

Rechts
Die kleine Zwergrohrdommel nimmt oft merkwürdige Stellungen ein, um sich im Schilf zu verstecken.

Fotografie: Angelo Gandolfi

Im Sumpf leben nicht nur Vögel

Oben

Eine Würfelnatter taucht aus dem sumpfigen Wasser auf – ihr Anblick wirkt bedrohlich und agressiv.

Rechts

Das strahlendweiße Gefieder des Reihers leuchtet im Grün des Röhrichts.

Fotografien: Claudio Chini

Silberreiher beim Baden

Seite 196 und 197
Fotografien: Angelo Gandolfi

Auch beim Baden zeigt dieser Vogel natürliche Grazie und Anmut. Früher war der kleine Reiher von der Ausrottung bedroht. Damals war es noch Mode, mit seinen Rükkenfedern, den »aigrettes«, Damenhüte zu schmücken.

Der strenge Graureiher

Oben

Gewöhnlich fischt der Reiher im flachen Wasser und sucht schon geschwächte oder verletzte Beutetiere.

Fotografien: Giulio Cagnucci – Panda Photo

Rechts

Die Flügel des Reihers sind ein schönes Beispiel für die Aerodynamik und Ingenieurkunst der Natur.

Fotografie: Claudio Chini

Der Tanz der Reiher

Die so gesetzten, würdigen Graureiher vollführen in der Zeit der Paarung sehr eindrucksvolle Tänze und Kämpfe.

Oben und rechts

Fotografien: Manfred Danegger – Agenzia Masi

Oben

Stachelschwein-Paar.

Fotografie: Franceso Petretti – Panda Photo

Unten

Junge Schleiereulen.

Fotografie: Angelo Gandolfi

Rechts

Blühende Wiese im Fucino.

Fotografie: Roberto Meazza

Flüsse, Seen, Felder

Ich will dir sagen, zu welchen Reichen der Liebe uns der Fluß ruft, dessen ewige Quellen im Schatten des alten Blattwerks das heilige Geheimnis der Berge sprudeln...

G. D'ANNUNZIO

Wenn wir Italien als einen riesigen, langgestreckten und in sich geschlossenen lebenden Organismus betrachten, stellen die Flüsse und andere Wasserflächen, auch wenn der Vergleich vielleicht etwas kühn ist, dessen Kreislaufsystem dar.

Diese Venen und blauen Arterien tragen das kostbare Naß in alle Teile des Körpers und entsorgen die Abfälle. Ein gut funktionierender Mechanismus, der, wie alle Vorgänge der Natur, ewigen Gesetzen unterworfen ist.

Ich finde dieses Fließen des Wassers, diese Bewegung immer anders und immer faszinierend. Mehr als der Wald, der sich unter den Windstößen bewegt, mehr als das Meer, das sich immer in Bewegung befindet, ist der Fluß ein lebendiges Wesen im realen Sinne dieses Ausdrucks. Das Leben des Flusses ist nichts Konventionelles oder Theoretisches: Der Fluß lebt wirklich. Er besitzt Kindheit, Jugend, Reife, Alter, Tod.

Die Biologen haben für den Lebenszyklus der Flüsse ein ganz konkretes Schema ausgearbeitet.

Die Entstehung eines Wasserlaufs hat verschiedene Quellen. Ich denke, es genügt, wenn wir die zwei häufigsten betrachten. Da bahnt sich aus der grauen, staubigen Zunge eines schmelzenden Gletschers, aus dem Geröll der Moränen ein Rinnsal seinen Weg. Es hat wenig mit kristallklarem Quellwasser gemein; trägt statt dessen den trüben Schlamm des Gletschers mit sich. Sein Lauf wird durch Steinbrocken und Schotterhaufen behindert. Dennoch handelt es sich um den neugeborenen Fluß, der – wie die Menschenkinder mit ihrer roten, schrumpeligen Babyhaut, den zugeschwollenen Augen und den wenigen, dunklen, feuchten Haaren – noch keinen sehr liebenswerten Anblick bietet.

Dann gibt es die zweite Art der Geburt: die aus einer Quelle.

Aus den Felsen oder den Wiesen irgendeines Berges quillt ein Wasserstrahl. Regenwasser, durch Erden und Steine gefiltert, kommt irgendwo wieder an die Oberfläche. Angesichts dieses Wunders ist es verständlich, wenn in der Antike (und an vielen Orten auch heute noch) das Hervortreten von Wasser aus einem Felsen als göttliches Ereignis gesehen wird.

Das Wasser, das aus dem mütterlichen Stein quillt, ist – ebenso wie das aus den Gletschern – schon nach kurzem Lauf durch Gras und über Steine hinweg klar und kalt.

Die Ähnlichkeiten des gerade geborenen Bächleins mit der Kindheit des Menschen sind zahlreich. Werner Ladiges und Dieter Vogt, zwei Biologen, beschreiben diese ersten Abschnitte eines Flusses so: »Sein Lauf ist veränderlich, die Ufer unregelmäßig. Flache Stellen wechseln mit tiefen Einschnitten. Das schnellfließende Wasser schäumt und bricht

sich an zahlreichen Hindernissen . . es ist klar und rein, also noch frei von organischen Zersetzungen . . .«

Wenn man das Wort »Lauf« durch »Charakter« ersetzt und die biologischen Begriffe durch Kindheit und Jugend kennzeichnende psychologische, sieht man, daß dieser Vergleich nicht gesucht ist.

Die niedrige Temperatur des jungen Baches bewirkt – nach einem bekannten physikalischen Gesetz – eine erhöhte Sauerstoffanreicherung des Wassers. Und die Fälle und Stromschnellen verstärken noch diesen Effekt. Diese Kinderzeit des Flusses gehört nach Meinung der Wasserbiologen der Forelle. Der lebhafteste und schönste Flußbewohner hat nur hier, in der spritzenden, wirbelnden Strömung, optimale Bedingungen.

Aber nicht nur er allein. Auf den mit Moos und Wasserpflanzen überwachsenen Steinen findet man die nach den klebrigen Larven der Köcherfliege gierigen Wasseramseln, Salamander mit feuerrotem Schwanz und Bauch und Bachstelzen. Im Wasser selber schwimmen schnelle bunte Fischchen: Groppe, Elritze und Schmerle. Dort, wo die Strömung nicht zu heftig ist, geht der schöne Flußkrebs auf dem Grund spazieren. Er liebt das saubere Wasser besonders. Die Kindheit, man weiß es, dauert nicht ewig. Auch unser wildes Bächlein verändert Aussehen und Charakter. Der Grund besteht jetzt aus gerundeten Kieseln; das Wasser ist etwas weniger eisig, und die Sauerstoffkonzentration ist ebenfalls geringer. Das Bächlein ist zu einem kleinen Fluß geworden. Die langsamere Strömung erlaubt den ersten Pflanzen, sich am Ufer und im Wasser zu wiegen. Der Fisch, der diesen Abschnitt beherrscht, ist die Äsche. Stolz auf seine hohe Rückenflosse, die aussieht wie ein großes farbiges Segel, teilt er seinen Lebensraum mit Weißfischen und Schwarzgrundeln.

Aber die Zeit läuft weiter, und aus dem Kind wird ein Jüngling. Die glasklare Sauberkeit des Bächleins mußte einer grünlichblauen Trübung weichen. Die Temperatur ist gestiegen und der Sauerstoff weniger geworden. Auf dem Grund erscheinen die ersten Sandbänke zwischen den Kieseln, die nach und nach weniger werden. Die Strömung ist ruhiger, die Ufer sind von Vegetation bedeckt, und lange Triebe und Büschel von Wasserpflanzen bewegen sich in der Strömung.

Auch dieser für die reife Jugend des Flusses stehende Abschnitt hat einen typischen Bewohner: die Barbe. Er ist kein besonders schöner Fisch; die Stirn flach, die Augen engstehend, die Lippen groß und darüber ein fleischiger, weißer »Schnurrbart«, mit dem er den Grund absucht.

Jetzt sind Fluß und Ufer ziemlich belebt. Im nicht mehr klaren Wasser schwimmen große Fische. Der Hecht, mit Krokodilsmaul und gelb, silbern und grün gezeichneten Seiten, wartet geduldig auf in Reichweite geratende Beute. Auch sind hier der Flußbarsch (mit orangeroten Flossen), der schnelle bewegliche Döbel, der schlanke und fleischige Aal, die Plötze beheimatet. Unter der Uferböschung versteckt sich der dicke Süßwasserkrebs, und dort nistet auch der wunderschöne blaugoldene Eisvogel. Der Bienenfresser, ein Schmuckstück, das jeden Frühling aus dem tropischen Afrika zu uns kommt, gräbt Löcher in die Erde, um dort ein langes, enges, unterirdisches Nest zu bauen und ohne Angst zu brüten.

Ein schlanker brauner Schatten huscht, von einem Damm zum anderen, durch das Wasser; ist jetzt am Ufer, kommt heraus. Wenn es noch Abschnitte an italienischen Flüssen gibt, wo der Fischotter leben kann, dann hier, im Bereich der Barbe.

Die Strömung ist längst nicht mehr so stark; an den Ufern wachsen große Bäume, zwischen deren Wurzeln er seine Höhlen bauen kann. Auch sind die Beutetiere langsamer und zahlreicher – viel leichter zu fangen als die schnelle Forelle.

Unser Fischotter sitzt tropfnaß am Ufer und zerlegt schnell und entschlossen einen gerade gefangenen Döbel.

Beachten Sie die spitze Schnauze, die kleinen Ohren, die dunklen, gegliederten Pfötchen, den kräftigen, kegelförmigen Schwanz. Es ist das schönste und seltenste Säugetier in Italien.

Jetzt hat unser Fluß das reife Alter erreicht. Trüber geworden, das ist wahr, hat er nicht mehr so viele Dummheiten im Sinn. Die Sauerstoffblasen, die ihm zu Kopfe steigen könnten, sind weniger geworden. Auf dem Grund gibt es jetzt vorwiegend Schlamm, das Wasser ist wärmer und hat dafür noch mehr grüne Freunde gewonnen: Algen und Wasserpflanzen, Schilf, Weiden und Pappeln in Reihen, Wäldchen von Erlen, Ulmen, Eichen, Brombeergestrüpp überall. Da unser Fluß jetzt endlich ein richtiger geworden ist, kann er leicht hochmütig werden und sich entweder aus eigenem Willen oder durch einen von Menschenhand geschaffenen Damm in einen See verwandeln.

Sicher, er hat wenig mit jenen vulkanischen Wasserflächen gemein, die wie ein blaues Auge in einer Fassung von Wäldern ruhen. Oder mit den saphirblau schimmernden Gletscherseen, in denen sich schneebedeckte Gipfel oder goldene Lärchen spiegeln. Aber er besitzt doch all jene Charakteristika, die ihn für den Naturfreund zu einem sehr interessanten Ort machen.

Süßwasserseen – oder auch ruhige, breite Flußpartien – unterscheiden sich deutlich von den Lagunen oder Salzwasserteichen.

Als typischen Bewohner trifft man hier den Karpfen. Welcher in Italien vorkommende Fisch könnte das reife Alter des Flusses besser symbolisieren? Fett, langsam, friedfertig, schlammfarben, manchmal sehr groß; Abbild des Flusses, unseres Flusses, der bogig durch die Ebene strömt oder sich zu einem See erweitert.

Zum besseren Verständnis der Natur dieses überreichen Flußabschnittes seien nachfolgend auch dessen Gliederung nebst Besonderheiten erläutert.

Auf schlammigem Grund bildet der Bewuchs eine dicke, durchgehende Decke. Die merkwürdigen Schnüre, die von dort nach oben reichen, sind die Stengel von Wasserpflanzen, deren Blätter an der Oberfläche treiben. Zwischen den wunderschönen Seerosen mit artischockenförmigen milchweißen oder sahnegelben Blüten schwimmen gelbe Teichrosen, Laichkraut und andere Wasserpflanzen. Sie sind Bühne und Resonanzboden, Schauplatz und Hintergrund für die Festkonzerte der Frösche, Landeplatz für die unermüdlichen Libellen, wackliger Steg für den Hinterhalt der Ringelnatter. Am Ufer wächst schwankendes Sumpfrohr. Hinter den jungen stehen die gelben, holzigen Halme des letzten Jahres, die bei leichtem Wind hin und her schwanken und melodisch singen.

Das Schilfrohr und der Wasserrosenteppich bieten besonders vielen Vögeln Unterschlupf. Unter ihnen, mit kastanienbraunem Hals, der Taucher, der seinem Namen alle Ehre macht, und sein größerer Verwandter. Er vollführt bei seiner Liebeswerbung ganz besonders komplizierte Tänze mit sich wiederholenden bedeutungsvollen Bewegungen. Auch finden wir hier das unauffällige Bleßhuhn und die behende, vielfarbige Krickente. Wo das Schilfrohr dichter wird, fühlen sich die kleinen Vögel heimisch: der Teichrohrsänger mit turbanförmigem Nest, das er durch das Röhricht bewegt, um dessen Untertauchen zu vermeiden; der Drosselrohrsänger, die dicke Bartmeise, die Sumpfrohrammer und viele andere scheue, flaumige Gesellen, deren Lieder an warmen Frühlingstagen übern Sumpf tönen. Unterhalb der Wasseroberfläche ist das Schilf von schwärzlichem Schimmel und Algen bedeckt; in dieser Dunkelheit schwimmen – grün und geheimnisvoll mit rubinroten Augen und kräftigem Schwanz – die Schleien.

In unmittelbarer Ufernähe mischen sich andere Süßwasserpflanzen unters Schilf: Rohrkolben mit bandförmigem Blattwerk und braunen, einer Zigarre ähnelnden Blütenständen; Wasserlilien mit chromgelben Blüten über scharfen Blattschwertern, Schwanenblumen mit rosa Blütenschirmchen und dann die niedrige, grasartige Schar der Binsen, Rohre, Sumpfbinsen und Storchblumen; Riedgras, Schachtelhalm, Pfeilkraut und viele andere ineinander verwachsene Pflanzen. Nur die weißen Blütengirlanden der Winden lockern diese Undurchdringlichkeit etwas auf. Dort, wo der dichte Teppich Löcher zeigt, gedeihen Wasserranunkeln, Sumpforchideen und Wintergänseblümchen. Wenn der Winter über das Schilf hinwegfegt und die Zugvögel nach Süden ziehen, machen die großen, grauen Wildgänse mit Geschrei hier halt. Über die überschwemmten Wiesen schweben grünweiße Kiebitze, goldgelbe Regenpfeifer und klagende Brachvögel. Auf einzelstehenden Weiden und auf den fedrigen Tamarisken landen die großen Graureiher, und am hellen, farblosen Himmel kreisen die braune Gabelweihe und ihre kleinere Schwester.

Des Flusses Abenteuer hingegen ist noch nicht zuende. Er entweicht dem See, windet sich, an Wäldern vorbei, durch die weite Ebene und nähert sich der Mündung. Das kristallklare, lebhafte Bächlein von einst hat sich in einen gelben, schlammigen, majestätisch seinem Ende zufließenden Fluß verwandelt. Bevor er sich aber ins Meer ergießt, windet er sich, fast wie aus Trotz, in endlosen Schlingen, weitet sich zu einem Delta, schiebt Geröll vor sich her, um Leben und Lauf listig zu verlängern, versteckt sich in Tümpeln, Sümpfen und Küstenbereichen.

Auch dieser letzte Abschnitt, das Greisenalter des Flusses, hat ein Tier als typischen Vertreter: die Flunder.

Die Biologen hätten kein passenderes Symbol finden können als diesen merkwürdigen Fisch: oval und platt, mit schielenden, beieinanderstehenden Augen, schlammbraunem Kleid mit gelben Flecken. Die Flunder führt ein Doppelleben zwischen dem Meer, dessen salziger Atem bis hierher reicht, und dem Fluß, der sich in einzelne Arme, Gräben und Buchten verzweigt. Temperatur, Salzgehalt und Fließgeschwindigkeit schwanken in diesem Abschnitt. Meerwasser mit wechselndem Gehalt an Salz und Sauerstoff und sich verändernder Temperatur und Strömung vermischt sich mit Flußwasser.

Charakteristisch für diesen Abschnitt sind nicht nur die Flunder (die auch das Emblem der Stadt Comacchio zeigt), sondern ebenso das trübe Wasser und der geringe Anteil an gelöstem Sauerstoff. Trotz der kritischen Verhältnisse sind auch andere Fische nicht selten. Gerade viele Seefische fühlen sich hier heimisch.

Aale zum Beispiel schlängeln ihre glatten, glänzenden Leiber durch das Schilf, behende Meeräschen und räuberische Seebarsche, rundliche Goldbrassen und Seezungen füllen jene Fischgründe, die nicht zu sehr verschmutzt sind. Auch der große dunkle Stör steigt die größten Flüsse hinauf und verfängt sich manchmal in den Netzen der Fischer.

Auf den Schlammfeldern zwischen Mündung und Meer findet man Seeschnepfen, leichte Zwergsee- und weiße Seeschwalben und schnelle, immer beschäftigte Seeregenpfeifer. Weiter zum Meer hin, auf den Wellen, überwintern Vögel aus dem Norden: Eistaucher, Eiderenten, Samtenten, Trauerenten, Säger und Taucher.

Der Fluß hat sein einige hundert Kilometer langes Leben beendet. In wenigen Tagen hat jedes Molekül Kindheit, Jugend, Reife, Alter und Tod durchlaufen – sofern man diese sanfte Auflösung in Meer überhaupt Tod nennen kann.

Steht die Frage, ob sich die Natur Italiens in den Wäldern, Bergen, Küsten, Flüssen erschöpft, die wir in den vorhergehenden Kapiteln vorgestellt haben.

Wenn man unter Natur nur jene Bereiche versteht, in denen trotz des fortwährenden massiven menschlichen Eingriffes die ursprüngliche Vegetation und Fauna bislang überlebt haben, dann sicher. Obwohl der Apenninwald nur noch ein blasses Abbild des mittelsteinzeitlichen Bergdschungels ist, so sind doch die wesentlichen Komponenten dieselben geblieben. Und mit ein bißchen gutem Willen kann man das auch von den anderen Lebensbereichen sagen. Es scheint uns aber ebenso richtig, Orte und Regionen mit einzubeziehen, die zwar großen Schaden genommen haben, aber dennoch zu den sogenannten natürlichen Landschaften gerechnet werden müssen. Ein Beispiel hierfür ist die mediterrane Macchia, ein noch eigentümlicheres die Steppe.

Wenn man von ihr spricht, hat man merkwürdige und fremdartige Bilder vor Augen: Zentralrußland, die Mongolei, die Südsahara, wo durch den Wind in Wellen bewegte Gräser eine feste Größe des Landschaftsbildes sind. Und man kann sich nicht vorstellen, daß in Italien, das eigentlich von Natur aus ein Waldland war, diese Art Bodenbedeckung, die auf ganz andere klimatische Bedingungen mit wenig Niederschlägen zurückgeht, überhaupt existieren kann. Dennoch ist die Steppe hierzulande eine Realität. Wenn man das Innere Sardiniens, einige Ebenen Siziliens und Apuliens, die Tafelberge der Murgia und die zu Füßen des Gargano gesehen hat, dann weiß man, daß es die Steppe auch bei uns gibt – wenn auch von Menschen erschaffen.

Seite 204–205
Ein Fuchs in der Baraggia.
Fotografie: Nedi Bardone

Links
Zarte Farbabstufungen im Schilf des Sele-Ufers.
Fotografie: Gianpiero Indelli

Oben
Ein Fasan im Grün eines Feldes.
Fotografie: Vittorio Pigazzini

Als Italien vor Jahrtausenden von Völkerschaften aus den asiatischen Weiten erobert wurde, die große Schafherden mitbrachten, waren Berge und Ebenen noch von einem einzigen, undurchdringlichen Wald bedeckt. Eine Landschaft, die für steppengewohntes Vieh nicht geeignet war.

So wurden mit Feuer und Axt viele herrliche Wälder ausgerottet. Im Sommer, wenn Hitze und Trockenheit in der Ebene wüteten, stiegen die Tiere in die Berge hinauf, um sich dort eine frische, grüne, gerade erst vom Schnee befreite Weide zu suchen.

Die Wiesenwege, die beide Bereiche verbanden, waren die berühmten »tratturi«, Triften, die es noch heute gibt. »Meine Herden«, schrieb Varonne im ersten Jahrhundert unseres Zeitalters, »verbrachten den Winter in Apulien und den Sommer auf den Reatini-Bergen; wie das Joch zwei Tragekörbe verbindet, so verbinden Wege die beiden weit auseinanderliegenden Weiden.« Der Viehwirtschaft wegen wurden viele Wälder in Weideland verwandelt.

1557 schrieb Leandro Alberti über die Capitanata, ein großes Territorium in Nordapulien: »Das Land ist ganz ohne Bäume . . . Doch man sieht allerorten ein hölzernes Kraut, mit dem die Einwohner, da es ihnen an Holz für ihre Bedürfnisse fehlt, Feuer machen.« Das Steckenkraut, von dem Alberti spricht, ist die wohl häufigste Pflanze der italienischen Steppe. Die hohen goldenen Blütenstände erheben sich über Büscheln von leichten, leuchtendgrünen Blättern und tüpfeln die sonst trostlosen, leeren Flächen, die von einsamen, weit voneinander entfernten Schafherden abgeweidet werden. Hinzu kommt die kleinere Asphodele mit ihrer für die Weite der Steppe so typischen Blüte. Die sich im Wind wiegenden Blütenstengel bedecken die sanften, sich bis zum Horizont erstreckenden, schier unendlichen Hügel mit einem dünnen weißrosa Schleier. Darunter, als Untergrund, die graugrünen lanzettförmigen Blattbüschel. Die nebelumwobenen Grasflächen des Hades sollen nach antiker Vorstellung von Asphodelen bestanden gewesen sein. Wer den metallisch-bitteren, betäubenden Geruch dieser Pflanze in die Nase bekommt, ahnt den Zusammenhang.

Aber das Bild wäre nicht vollständig ohne die eigentlichen Futterpflanzen. Die Tiere fressen weder Steckenkraut noch Asphodelen, sondern die durchsichtigen Ähren des wilden Hafers, die gelblichen leichten Halme des Stipa-Grases (von dessen Namen sich vielleicht das Wort »Steppe« ableitet), Hasenschwanzgras, Mäusegerste und verschiedene andere Gräser.

Zwischen großen halbkreisförmigen Hecken von Brombeersträuchern oder Mastix verdeckt und so vor dem Verbiß durch Schafe und Ziegen geschützt, stehen Birnen und Schlehen, die sich im Frühling mit einer weißen Blütenhülle umgeben. Das dichte Grün der Vegetation ist mit herrlichen Blumen durchsetzt. Es sind sehr schöne und seltene Arten: die kleinen gelbblühenden Asphodelen mit leicht zersaustem Stengel, Iris, welche die Steppe mit ihren blauen, violetten und gelben Blüten schmücken, Orchideen mit mehrteiligen, rötlichen Blüten, Muskari mit duftenden violetten Glöckchen, karminrote Gladiolen. Im Herbst, nach den ersten Regengüssen, entsprießen dem rissigen, ausgetrockneten Boden späte Narzissen, die stachlige, violett blühende Wegwarte, die große Madonnendistel, Königskerzen mit samtigen, wollenen Blättern und gelben, kolbenförmigen Blütenständen, duftende Reseden, Minze, Origano, Thymian und Majoran mit ihren intensiven Aromen.

Außer den Schafen leben in der Steppe natürlich noch andere Tiere. Es handelt sich nicht um große, auffällige Arten, die in der niedrigen Vegetation keinen Schutz fänden, aber um schöne und interessante. In den Tümpeln klagen am Abend die Kröten. Die Glattnatter schlingt sich um die Stengel der Asphodelen, Schmetterlinge und Pflanzenwespen besticken die Luft zwischen den Blumen, und in der Stille der Dämmerung ertönt das sehnsüchtige Zirpen Tausender und Millionen von Grillen, die anderswo durch Pflanzen- und Insektengifte ausgerottet wurden.

Wie üblich bilden die Vögel die schönste und auffälligste Population.

Lerchen und Kalanderlerchen füllen den Himmel mit ihrem durchdringenden Ruf. Auf den sonnengebleichten Kalksteinen sitzt der Steinschmätzer und sucht nach Insekten, Schwarzkehlchen und Grauammern verschmelzen mit den trockenen Stengeln der Asphodelen. Der Triel, mißtrauischer Bewohner der Trockenwiese, stößt nachts seinen fragenden Flötenruf aus, und tagsüber sucht die Elster die Steppe nach Insekten und Eidechsen ab. Das scheue, seltene Symboltier der südlichen Graslandschaft ist die Zwergtrappe, die als furchtlose Überlebende einer früheren Epoche der jahrtausendelangen Jagd sowie Pflanzen- und Insektengiften widerstanden hat. Mit einem auffallenden schwarzweißen Kragen geschmückt, vollführt das Männchen in der Frühlingsdämmerung einsame, merkwürdige Tänze, bei denen die hellen Federn der Flügel und der Halskrause wie Blitze gegen das dichte dunkle Grün der Asphodelen und Disteln aufleuchten. Wie Funde im Salento zeigen, wurde die Trappe bereits in der Jungsteinzeit gejagt. Friedrich II. stellte ihr in seinem Hauptjagdgebiet, der Capitanata, bei seinen prächtigen Falkenjagden nach. Obwohl die Art geschützt ist, wurde gewildert – und heute gibt es die Zwergtrappen nur noch in Apulien und Sardinien.

Wie lange wohl noch?

60 % des italienischen Bodens sind von Weide- und Ackerland bedeckt. Dort dürfte die Natur ihr Recht verloren haben. Und doch ist ein heimlicher Überrest, sind kleine Inseln und Enklaven in den intensiv bearbeiteten, jahrhundertelang

durch Pflug und Hacke verwundeten Landschaften übriggeblieben.

Zwischen den durch Maschinen bearbeiteten Kulturen findet man immer noch den wilden Spargel und das kleine Alpenveilchen, die Kornelkirsche, die Amsel, die Smaragdeidechse und den Würger – und zwar in dem schmalen, kleinen Bereich der Hecken. Wo brütet das Rebhuhn, kämpft der Fasan, wenn nicht auf den Feldern, die von schützenden Hecken eingefaßt, von Wäldern unterbrochen, von kleinen Wiesenpfaden und buschgesäumten Bächen durchzogen sind? Wo leben die letzten Hasen, wenn nicht hier? Die Hecken, diese Gemeinschaft von Weißdorn und Schlehen, Heckenrosen und Brombeeren, Feldahorn und Holunder, Ebereschen und Liguster bilden den letzten dünnen Bestand ursprünglicher natürlicher Vegetation; ob sie nun Reste oder Teile von archaischen, abgeholzten und gerodeten Wäldern sind, ob sie die Grenze

zwischen früheren Besitzungen oder verfeindeten Gemeinden bilden oder schon in der Römerzeit Grenzen waren, oder ob sie jemand vor Jahrhunderten pflanzte, um Gemüsegärten oder Weinberge vor dem Abweiden durch Haustiere zu schützen – diese Hecken, die so sehr gefährdet sind, spielen eine ganz wichtige Rolle. Sie schützen die landwirtschaftlichen Kulturen vor Wind und Sturm, stabilisieren das Mikroklima des von ihnen begrenzten Territoriums, bieten Vögeln, Igeln und Eidechsen sowie Schnecken und heuschreckenfressenden Waldspitzmäusen, Hummeln und Bienen, welche die Pflanzen befruchten, Unterschlupf. Wer die Natur und ihr ganzes Reich liebt, schätzt auch jene wichtigen Begrenzungen, welche durch Hecken und Wäldchen, Wege und Dämme gesetzt werden.

Es sind die genau und in allen Einzelheiten gemalten Hintergründe der Fresken des Ambrogio Lorenzetti im Palazzo Comunale in Siena, der kleinen wunderschönen Landschaften des Beato Angelico, die Hintergründe vieler Gemälde von Leonardo, Paolo Uccello, Carpaccio . . .

Auch außerhalb von Hecken und anderer Randbegrünung gibt es noch Lebenszeichen der Natur.

Reisen Sie im Juni durch die italienische Landschaft. Selbst in den chemisch stark beeinflußten Zonen werden Sie farbige Pinselstriche finden, die Ihnen beweisen, daß die Feldblumen überlebt haben.

Hier ein Feld rot von Mohn, dort blaue Spritzer von Kornblumen. Daneben ein Rain voll mit den weißen Schirmchen der wilden Karotte, wo auch die kletternde Wicke ihr Lila mit dem Goldgelb der Wucherblumen mischt.

Und neben den Pflanzen die Tiere, die auf den Wiesen überleben: die Schwalbe kreist über den gelben Gräsern, der Hase flieht zwischen den Furchen, zwei Fasanen streiten zornig auf einem Grasweg, ein Rebhuhnpaar raschelt im Mais; noch fliegen Schmetterlinge über den blühenden Arzneipflanzen . . .

Das alles ist ein Schauspiel für Naturliebhaber. Sind kleine Juwelen auf einem durch Pflugscharen und Raupenketten, Bewässerungsanlagen und Eggen zerstörten Planeten. – Die allerletzten und deshalb um so kostbarer.

Seite 208

Weiße Wasserrosen auf einem Nebenarm des Tessin.

Fotografie: Gianfranco Giudice

Oben

Ein Laubfrosch zwischen Wasserranunkeln bei Orbetello.

Fotografie: Emanuele Coppola – Panda Photo

Der Lauf zum Meer

Flüsse sind fast immer von Bäumen besäumt. Auch in landwirtschaftlich intensiv genutzten und dadurch völlig umgestalteten Zonen dient dieses grüne Geleit dem Überleben vieler Tiere im und am Fluß.

Seite 210/211

Sonnenuntergang am Sesia-Fluß.

Fotografie: Marcello Bertinetti

Schwanensee

Seite 214–215

Blick auf den Comer See.

Fotografie: Vincenzo Martegani

Wo der Comer See zum Forcola-Pass einbiegt, erstreckt sich der Novate-Mezzolasee, in dem eine große Gruppe Höckerschwäne lebt. Der Anblick ihrer weißen Flügel gegen den dunklen Rand der Berge ist herrlich.

Seite 212 und 213
Fotografien: Vincenzo Martegani – Agenzia Laura Ronchi

Nachtreiher auf der Jagd

Wenn im Frühling die Näslinge den Lauf des Cervo hinauf zu ihren Laichplätzen schwimmen, werden sie bereits von den Nachtreihern erwartet.

Seite 216 und 217/218–219

Die Näslinge versuchen auf ihrem Weg flußaufwärts die Strömung und die Felshindernisse zu überwinden – und geraten direkt vor die Schnäbel der auf Beute lauernden Nachtreiher.

Fotografien: Carlo Donis

Flußleben

Das Leben im Fluß – mit Wasserpflanzen und Fischen – hat seinen ganz besonderen Reiz. Diese Fotos, im Tessin aufgenommen, zeigen den ganzen Zauber jenes Lebensbereiches.

Oben
Die Wasserpflanze Elodea canadese.

Rechts
Der Katzenwels – von seiner Nachkommenschaft umgeben.

Fotografien: Gianfranco Giudice

Links
Duell zwischen Hechten.

Seite 222–223
Die zauberhafte Unterwasserwelt eines Tessinarms mit Hechten, Rotfedern, Tausendblatt und Elodea.

Fotografien: Gianfranco Giudice

Ein Fischer im Süßwasser

In Lehmhöhlen am Ufer nistet der Eisvogel – der vielleicht schönste und farbigste Vogel unserer Fauna.

Seite 224 und 225

Der Eisvogel in einigen wichtigen Situationen seines Lebens: Beim Fischen und bei der Werbung um das Weibchen mit rituellem Geschenk.

Fotografien: Angelo Opezzo

Auf landwirtschaftlich genutzten Flächen

★ *Oben*

Silber-, Grau- und Nachtreiher am Rand eines Reisfeldes auf dem Landgut Bordone bei Oldenico (Vercello).

Fotografie: Alessandro Re

■ *Rechts*

Kontraste – roter Mohn und gelbes Korn (Poebene).

Fotografie: Alessio Petretti – Panda Photo

● *Seite 228–229*

Ein Wiedehopf füttert seine wartenden Jungen.

Fotografie: Paolo Jaccod

Stachlige Sympathie

Über Jahrhunderte hinweg hatte der Igel ein schweres Leben. Bei den alten Römern zum Beispiel war sein Fleisch sehr geschätzt, und sein Stachelkleid diente dazu, die Wolle zu krempeln (aufzulokkern). Im 16. Jahrhundert wurde – aus Aberglauben – ein Preis auf jedes getötete oder gefangene Tier ausgesetzt.

Oben

Der Igel ist ein Nachttier und verbringt die Tagesstunden zwischen trockenem Laub versteckt oder unter Büschen.

Fotografie: Manfred Danegger – Agenzia Masi

Rechts

Das kleine Säugetier ist langsam in seinen Bewegungen und hat keine sehr scharfen Augen, dafür aber ein empfindliches Riechorgan, das ihm erlaubt, Feinden auszuweichen und seine Beute leicht zu finden.

Fotografie: Giuliano Cappelli – Panda Photo

Seite 231

Bei Gefahr rollt sich der Igel zusammen.

Fotografie: Angelo Gandolfi

Die Zeit der Paarung

Die schnellen, beweglichen, gelbgrünen Zornnattern leben im allgemeinen auf Wiesen, in der Macchia und in steinigem Gelände. In Italien und in Südeuropa weit verbreitet, erreichen sie eine Länge von eineinhalb Metern. Wie die meisten Reptilien ernähren sie sich von kleinen Nagetieren, Amphibien und Vögeln.

Seite 232–233

In der Paarungszeit vollführen die gelbgrünen Zornnattern ein sehr komplexes rituelles Liebesspiel.

Fotografien: Vincenzo Giannotti – Panda Photo

Oben und rechts
Fotografien: Manfred Danegger – Agenzia Masi

Im Frühling kämpfen die Männchen vieler Wildarten um die Weibchen und um den Platz zur Aufzucht der Jungen. Auch die Hasen machen da keine Ausnahme und fechten erbitterte Duelle aus.

Zu Urzeiten aus dem Orient eingeführt, gehört der Fasan heute zum festen Bestand der italienischen Fauna. Sein vielfarbenes, schönes Federkleid, seinen rauhen Schrei, seine Frühlingskämpfe finden wir in vielen Kulturlandschaften.

Oben und rechts
Fotografien: Manfred Danegger – Agenzia Masi

Der Kampf, der manchmal recht dramatisch ausgefochten wird, endet durch Aufgabe eines der beiden Gegner.

Oben

Die Fasanenmännchen haben viel längere und buntere Federn als die Weibchen. Besonders der Schwanz hat eine vielfältige Färbung und die charakteristische Form einer Lyra.

Rechts

Der Höhepunkt eines Kampfes um ein Weibchen zwischen zwei Fasanenhähnen.

Fotografien: Manfred Danegger – Agenzia Masi

Seite 240

Fotografie: Franco Bertinetti